JN411588

한가한 날의 독백

고영숙　시·산문집

시와사람

국립중앙도서관 출판시도서목록(CIP)

한가한 날의 독백 : 고영숙 시 · 산문집 / 지은이: 고영숙.
-- 광주 : 시와사람, 2015
p. ; cm

ISBN 978-89-5665-428-7 03810 : ₩10000

한국 현대시[韓國現代詩]
산문집[散文集]

811.7-KDC6
895.715-DDC23 CIP2015021218

한가한 날의 독백

내가 늘 가꾸는 건 밥상입니다. 그 힘으로 건강을 기릅니다. 보약을 먹는 이유도 밥을 먹기 위해서였습니다. 나를 지탱하던 반찬과 수저들이 서서히 떠나 둘만의 상이 차려지면서 심심풀이 삼아 언어의 밥상을 기웃거려습니다.

오늘이 항상 좋은 날처럼 마른 논에 물대기로 모래밭이나 진흙밭이나 세월 걸러내는 소릴 감싸 안으며 씨앗으로 뒹굴다 보니, 내 안에 잠재된 것들이 싹 틔우면서 때론 꽁보리밥 같고 수수밥 같은 잡곡밥들이 되었습니다. 시골에서 태어난 사람이라 쌀밥처럼 쫄깃거리고 구수한 맛이 나는 밥 한 그릇 하나 대접하고 싶은 마음입니다.

하지만 첫사랑 같은 부끄러움을 안고, 지금껏 살아온 내 상 위에 과거와 현재를 올려놓고 오감을 다스리며 행선지마다 짬짬이 그려 넣은 설익은 밥상을 차려보았습니다.

이런 밥상이 차려지기까지 수필을 지도해 주신 이정심 교수님과 시를 지도해 주신 한실문예창작 지도 교수 박덕은 박사님께 깊은 감사를 드립니다.

그동안 함께 즐기며 정든 산수 문우님, 한실문예창작 향그런 문학회 회원님들께도 감사의 마음 전합니다.

살아온 동안 무던히 아껴 준 남편과 도움을 많이 준 큰며느리와 책을 펴낼 수 있게 도와 준 아이들에게도 많이 사랑한다는 고마움을 전합니다.

2015. 8.

고 영 숙

■ 축시

고영숙

진 여 진

따사로운 봄이
까르르 웃으며
온 산하 눈여겨보고
햇살 부채 펼쳐주듯이

마주치는 이들마다
포근한 어머니 손길
가만히 옆에만 앉아 있어도
스며드는 정겨움

항상
옹기그릇 속에서
보글보글 끓고 있는
사랑과 행복

그 마음에 담겨 보면
못 다 이룬 꿈
향기 머금고
당당히 일어선다.

차례

3 한가한 날의 독백

4 수만리의 봄

5 와운마을

6 깃발

7 금반지

8 남도기행

1

밤을 여는 어머니

밤을 여는 어머니

에헴 하는 기척이
부석거리며
거실을 나와

잠든 토방아래
뭇 신발의 궁금증을
짝지어 놓고

지팡이 앞세워
비틀거리는 걸음으로
자박자박 달빛 따라
골목을 걷는다

담 타던 고양이 눈길
지팡이 끝 툭 던져
쫓아내고

고적함 건너는
신발 한 켤레
열려진 하루 속으로
연꽃처럼 피어오른다.

미의 세계

어머니
새 구두
곱게 싸 시렁에 얹어두고

말바우 장날
싸구려
봄 구두 사오셨네

꽉 낀 신발
폼 나게 들락거리며
예쁘지야 하셨지!

토방에 닳지 않은
입 벌린 멋진 신발
큰 발 원망 가득

보기 싫은
나룻배 신발
실타는 작은 신발

생각은 이팔청춘
어머니는
미의 세계를 동경 한다.

고향

오랜만에
부벼대는
반가움들

섬진강 줄기에 풀어 두고
은어 떼가 헤엄치듯
쏘가리가 노래하듯

구성진
입담들이
정겹다

탑탑한 농주 한 잔에
줄 맞춰 저리도 나란히 섰던
깨복쟁이들

흥 담은 날갯짓이
우렁이 잡는
황새의 모습이 아니런가.

수의 한 벌

액 없는
공달에
어머니는
한 땀 한 땀
옷 한 벌
꿰맨다

욕심
다 버린
마포 옷
노자돈 넣을
주머니도 없이

숙연히
고뇌 풀고
한 세월의 날개 접듯이

좌정한 채
묵묵히
고요한 기다림의
시간을 엮듯이.

목화밭에서

사래 긴 밭고랑에
하얀 꽃숭어리들이
요란을 떨고 있다

헛개숨이
오르락내리락
저고리섶에 숨 고를 때의
모습

치마폭 귀엉치
허리끈에 묶어두고
따 담은 몽글거림
난 아직
잊지 못 한다

골갱이 빠진 뼈마디마다
한 올의 세월을 묶어
끈끈하게 풀칠 해대며

베틀 위에 감아올린
씨줄을 엮으며

접어두었던
그리움처럼
웃다가 울다가.

할머니의 단지(斷指) · 1

별빛 속삭이는 밤
물레소리 뱅글뱅글 돌릴 때면

무릎에 혹처럼 달라붙어
뻗쳤다 감기는 손끝
미영실을 밤마다 보았지요

몽실한 당신의 젖가슴을
부릅트게 만지면

그때마다
못생긴 손가락이
전설 같은 이야기를 쏟아냈지요

기적을 꿈꾸며
짓이겨진 약지 끝에선

파랗게 잦아든
할아버지의 애절한 눈빛

숨이 차도록
뜨겁게 감겨왔다지요.

할머니의 단지(斷指) · 2

바스락대는 거친 숨결
무명지 휘돌다
신열의 한을 토하다

명치끝 옥죈
냉 바람이
붉은 지문을 찧어대고

파르라한
입 속으로
방울져 흘러 들어

넋 잃었던 맥박들이
가슴문 열고
달삭 거리다

영혼의 밭에
쏟아 붓는
핏빛 그리움되어.

언니

목 쉬게 젖어드는 정신
물결 같은 시간에 가둬 두고
한 삭힌 이슬꽃이
눈썹 타고 흩어집니다

문짝에 무거운 정적이
치렁치렁 매달리고
떨린 손은 숲속의 성 같은
문고리만 응시합니다

지팡이에 헛숨이 모여
삐척거리는 관절 부둥켜 세워
낯선 병동 앞으로
시린 걸음 옮겨갑니다

독기 뿜어내 이방인으로 만든
울화병이 뒤따라가면
저녁 어스름 같은 긴 울음이
허공을 향해 쏟아집니다.

향수 · 1

구부정한 허리가
분주하게 부엌 문턱 넘나드는
해름참이 오면

아궁이 군불 목청 가득
구들장 데우며 타오르고
가마솥 통고구마 익어가는 내음
주전부리 입들이 호호 불어대고

잉걸불 담긴 화로 속에서는
고소함이 톡톡 튀고
방 귀퉁이 시루에선 키 쓴 콩나물이
오줌싸개처럼 쑥쑥 자라는데

어머니 젖가슴만한 감꼭지 따면
바위손이 된 지문 위에선
곶감이 돌돌 깎여지고

달이 된 곶감 바구니에 담겨진
할머니의 사무친 전설이
문고리 끈 잡아 펄렁거린다.

향수 · 2

살아온 아우성이
차돌처럼 뭉쳐
꿈벅이는 시간

유년의 옆구리 툭 치며
소줏잔에 회한 달래던
벗들의 쉰 목소리

추억 헤집어 내는
발자국 같은 기억의
비릿한 향기

따스한 미소에
기대어 앉은
첫사랑 같은 아련함

모두다
붉어진 노을 한 모금씩
뉘엿뉘엿 삼킨다.

향수 · 3

순수의 가마꼭지부터
용마름 덮듯

솔밭처럼 무성히도
서로를 붙들고 자라나

얼레빗살로
금 긋듯 기대며

부풀어 오른 꿈이
얼크러져도

창포물에 감은 머리
비녀 꽂던 어머니의 숨결

시름없는 낙엽처럼
미련의 실오라기에 묶여있고

까치집 울어대는 정수리엔
침묵 헹구어낸 찬바람만 스쳐간다.

향수 · 4

하얀 정적이
스산한 새벽 깨워
도랑물까지 삼켜 댈 때마다
찬바람이 뼛속을 핥았다

번뜩이는 포성이
밤을 휘저어 댈 적마다
겁에 질린 살림살이가
토굴 속에 숨어 부시럭 거리고

가마니 짜던 사랑방 일꾼들
절구통 뒤에 숨다가
소매통에 빠져 마당에 굴러 떨어지는데

대숲으로 도망치는 발걸음들까지
달보다 밝은 염원으로
물동이 속에 퍼 담던 할머니는
한 대접의 정화수 앞에서
간절히 빌고 또 빌었다.

향수 · 5

물레의 시르렁거림이
별빛 따라 잠잠히 감기는 날

양지밭 귀엉치
달덩이 같은 뜨락에서는

풀벌레 애처러운 울음
실타래 풀어놓듯 울대 높이고

상식상 앞 누우런 상복들
가슴 저리는 그리움 매달고

촛농으로 흘러내린
영혼방의 한

담뱃대 가득 담아
한 올의 연기로 솟아오른다.

향수 · 6

구수한 수제비 국물 맛이
따끈히 세월 너머 목구멍에 차오르면

땡볕에 태워 흘린 살 냄새가
주름진 추억을 보듬어 흘러들고

맑은 눈빛들은
여울물에 유영하는 은어 떼처럼
책보따리 내팽개치고 놀았다

거슬러 훑아대며
첨벙대던 맨발의 웃음소리는
물비린내에 취해
바위 틈마다 달라 붙고

다슬기와 갱조개는
예쁜 바구니 안에서 곰실거리는데

땃따부따
숨넘어가도록 풀어놓은
마음자락은
입 장단으로 털어낸다.

그때는 그랬지

시어머니 보다 무서운 첫 새벽
돌아앉은 도시락들이
하마처럼 밥꽃을 물고 늘어진다

조잘거림이
졸인 멸치 위에 머물고
계란말이가 고향인 듯
김치 옆을 고집 한다

등이 휜 바구니에
자박거리는 숨결이 쌓이고

허기 채운 요란들이
한바탕 들썩이고 떠난 자리엔
빈 시름만 우두커니 앉아 있다.

아버지의 들

모내기철이면
첫새벽 깨운
어머니의 치마귀에 휘파람 분다

한 다발씩의 모가
써레질한 논배미마다 툭툭 던져지고
못줄 잡은 유년이 논두렁에 서있다

물길로 모은 손길
호흡의 허파
접혔다 폈다 수만 번 할 때
다랑이마다 초록 눈들이 가득 차오른다

종아리 물어뜯던 거머리군단
대롱같이 빵빵한 횡재
밤마다 긁어대던 헌혈자국이

가마솥
하얀 쌀밥으로 피어나고
막걸리에 깃든 탑탑한 농주정이

〉

처마 밑 제비처럼
옹골진 이야기로 버무려지면
오포처럼 울던 왕매미가 들녘 깨운다.

고구마

땅심으로 다진 속정
달콤히 녹아나던
그 시절

곰실대던 할머니 손길
서리지붕 멍석 위 고갱이로 야위다
바구니 속 얼부푼 몸집 생으로 깎이다
꿀렁대는 돼지 코방귀에 둘둘 말리다
너른 속뜰 건너는 황소울음 되었다

연기 피어 오르는 지붕 아래
불타던 아궁이 잿불 다독여
뜨거운 내음으로 뒤척이다

지금은
잉걸불 속으로
부드런 속살 물컹 내어주고
추억의 혀끝 맴돌아 미소 짓는다.

주전부리

이엉올린 서리지붕
시루 가득 찐 고구마
낮엔 해바라기 밤엔 별 바라기
얼부푼 빼갱이 쫀득쫀득 담아두고
눈 오는 밤 한 바구니 깨물어 먹을 적에

이엉 올린 서리지붕
빛깔고운 똘감 삐져 수놓듯 널어놓고
햇볕 물고 꼬들꼬들 달빛 물고 꼬들꼬들
눈 오는 밤 한 바구니 깨물어 먹을 적에

이엉 올린 서리지붕
겉보리 눈 티워 고슬고슬 말려두고
단술단지 이불로 꼭꼭 싸매 두었다가
눈 오는 밤 동동 뜬 식혜국물 꿀떡꿀떡 먹을 적에

이엉 올린 서리지붕
동네방네 단맛 돌고
깨엿 콩엿 구수하게 돌돌 말아 잘라두고
한 가락 뽑아들어 깨물어 먹을 적에

눈 오는 밤 할머니 가슴은 휘파람 새가 된다.

삼월이 오면

사모관대 입은 신랑
기러기 안고 동편에 서고

원삼 족두리 쓴 신부
서편에 서서

청실홍실 매어 단
표주박 잔의 합환주 먹고

연지곤지 찍고
양볼 붉어진 부끄러움

흑백사진 속의
그 사내와 뿌리 내려

사십여 년의
긴 추억에 젖어드네.

디딜방아

어느 낯선 마을 초입
묵언으로 반기는 솟대들 틈
무채색 눈빛으로 서서
망각의 세월 두리번 두리번

아린 외로움이 된 돌확
꽃밭이 된 옛터에 앉아
우겨 넣으며 콩닥거리던 손길
키 속에 담겨 까불 까불

맥박 치던 푸른 꿈만
빈 가슴 밟아대는 허망으로 남아
일기처럼 써내려간 그리움
출렁거리며 궁덕쿵 궁덕쿵.

그때 그 시절

이십 리 길 등짐 다리품 아린 어깨
무너질 듯 떼울음 묶여 울던 우시장
검돼지 우굴우굴 도매금에 넘어가면
종종거린 조막발 꽃신발 신겨지고
똥돼지골 석곡장 탁배기 갈짓자가
보성강 굽잇길 들썩들썩 어우러져
뱃사공 삿대질에 넘실대는 애환골
허리춤에 감겨진 마음 붉은 눈시울
부엉이 곳간처럼 큰 바위 터 풀어놓고
살뜰한 아버지 한 생의 맑은 고독.

피아골

별밤 삭혀 골속골속 한 맺혀 울던 능선
동족상잔의 피바람 딛고
증인처럼 버텨낸 갈참나무

체온 낮춘 파동의 물길은
쉶게 우려낸 갈증 똬리 틀듯
바위틈 파고들어 그때처럼 달아난다

피죽으로 허기 채운
직전마을 사람들은
비탈마다 밤숭어리 떼로 벙글어
붉은 욕망의 동공 무게로 쏟아 붓고

염원 비는 연곡사 예불소리에
인연의 길 맴돌던 아린 가슴마다
고운 빛 한 켠씩 살포시 물들인다.

회상

기둥 같은 나무에 감꽃 피고
까치 떼가 요란 떨 때마다

햇살은 서향 동백 위에
팔베개로 내려눕고 접혀있다
첫새벽 깨우던 기억들은
서로 물고 일어서고

허물처럼 벗어놓은 방마다 시름 떨쳐
뒹굴고 있던 체온만이 눈길 속에 쌓여 가고

떠나는 계절 뒤로 머뭇거리는 구름은
엎질러진 노을 밟으며 빗장 열고 서성인다.

구렁이 두 마리

땡볕의 숨소리가
뒷담 동굴 속을 열어젖히면

소리 없는 초침이
낼름 거리고

검돌 틈새마다
누런 목도리를 칭칭 감아

까치와 참새가
혼절토록 울부짖는다

엄마는
두 할매 혼령이라며
해마다 장독너머
쌍둥이처럼
눈도장을 찍어댄다.

인천대교

회색 뼈대들이
교각과 교각 사이를 물고
활처럼 휘어져 졸고 있다

비린내 나는 물속에
지네발처럼 담근 발목이
쇠사슬을 감고
탱탱한 힘의 이력서
귓가에 늘어놓는다

물 빠진 포구의 배들은
침묵에 잠겨 미동도 못하고
갯벌에 발자국 남긴 새들만이
한가롭다

입동에 시린 햇발은
희뿌연 안개에 쌓여
우울증 같은 통증에 풀 죽어
석양에 드러눕고

레일 위를 문지르는
은빛 날개의 소음 속으로

휘어진 열병의 시간들이
꾸역꾸역 들어간다.

스케치 카페

교태부리던 풍경이 살포시 내려 앉아
섹소폰 소리에 피어오른 숫눈이
은빛 화관처럼 쌓이고 있다

휘황한 불빛 사이로 출렁거린 시심이
선율 따라 잔잔히 흐르고
눈시울의 감미로움은 어둠을 핥는다

그 아득한 그리움에 날개 달고
설렘으로 삼켜온 시 낭송
휘어진 밤을 은밀히 끌어당긴다

연서는 고드름 발을 치고
선바람 한 올씩 문틈으로 들여보내
후끈 소리의 꽃으로 타들어 간다.

시 낭송

-대원 농원에서

푸르다 못해 휘청거린 골짜기마다
낙숫물 단내 실어 옥구슬로 흐르는 곳
최면 걸린 물안개 정자 가득 눕혀놓고
일상 접어 이끌고 온 설렘의 열기
구성진 시심으로 피어나는 치자꽃집

지칠 줄 모르는 풍광의 속살
콧날 시큰토록 목청 풀어 헹궈대며
인연의 물꼬 붉게 적셔대는 입술마다
첫사랑 순정 수련처럼 피어 잠든
애련한 그리움의 나이테로 감긴다.

나룻터 단상

물빛 같은 유월의 넋
달래던 태안사

피 토하듯 울음 태운 한이
물굽이에 채여

개밥나무 뿌리처럼
훑긴 자갈밭

전쟁과 홧병이 앗아간
날벼락 짓무른 하늘 밑

가슴팍 뒤집히는
지열 껴안은 채

기다림에 지친 숨결이
서리꽃 날리며

몸살 앓는
뱃머리에 서 있다.

품바

축제장에 펼쳐놓은
마당굿 한마당

친친 감은 외로움의 시린 등
누더기옷 기워대는 넋두리
깡통 속에 담긴 쓰디쓴 속울음

닳아진 고무신에 매단
세상 인심을 던졌다 당겼다

숨차도록 뽑아 올린
걸출한 입담
신명나게 다 퍼주고

가위장단에
아리랑고개 넘어가듯
갱엿 콩엿 호박엿이
찌그러진 모자 속으로 허물처럼 엉겨붙고

맨살 터지도록 옹아리 하다가
엿판에 내려앉은 뻐꾸기 소리로
마음 줄 젖도록 북 장고 흥 돋운다.

폐차

첫 만남 때
막걸리 한 사발씩 목 축이고
찌린 동태 목에 탯줄 같은 타래실 묶어
팔딱거린 심장에 촛불 켜 기원하던 그 날부터

삼월 제비 몸 단장하듯 맵시 다듬고
공기 가르며 심호흡하던
팔다리가 저리도록
티눈 박이 발바닥이 부릅트도록

하냥 뜨겁게
뼈마디마다 신경줄 붙들어 맨
십칠 년의 곰삭은 눈길은
날선 비바람 속을 축제장인 양 누볐다

이제
뿌우연 안개에 갇혀
윤기 잃은 손길은
빽밀러 귀에 서리는 추억만
만지작거리고 있다.

독백

긴긴 밤 휘어잡는 기억의 끝자리
푸념으로 살찌운 마른 외로움
나이테로 다져진 촉수 달래듯
바람의 속울음으로 쌓이고 있다

터 잡은 하얀 머리칼도
귓바퀴 맴도는 찌르레기 소리도
홍역 앓듯 견뎌낸 생채기들도
내 안에서 북적거린다

잃어버린 것들을 위하여
새살처럼 받아들이는 헛기침소리와
언제나 찾아든 두 그림자는
서로의 가슴에 흐르는 뜨거운 정 하나
그 맑은 웃음으로 달궈대며 깨어난다.

녹차 한 잔

눈빛 쓸어 담던 둘만의 여정이
발효된 나른함으로
찻잔에 우러나는 시간

지순한 향기는
희끗한 머릿결 휘감아
한 올 손끝에 머물다 오르고

흘김은
회한의 찌꺼기로 녹아
덧난 날을 입김 불어 잠재우고

스미는 상큼함은
비워진 마음 깊게 물들어
꽃물져 내린 한 세상 미련 없이 헹구고

식지 않은 가슴 그윽이 바라보며
한 모금씩 추억의 봄날인 듯 달게 마신다.

자개농 미학

긴 바다의 숨결 문짝에 박혀
화폭 같은 날들 맘속 물들고
신비의 빛살 품고 함께 지새며
노루처럼 놀던 시절 되돌아간다

뒷동산 백로 떼 솔밭에 날면
폭포는 뜨거운 여름 말아 쏟아지고
여문 달빛 물비린내 족대에 들면
징게미 지름방아 애호박 넣고
된맛 차올라 한여름 자지러진다

땀 흘린 온갖 것들 뿌리로 결어지면
난장 튼 장터마다 윷놀이 씨름놀이
걸판진 황소 승부 마을이 들썩들썩
키득거리는 물동이에 꽃입술 벙근 날들

두레손 갈퀴질 술내음 익어 가면
벽오동 정자에 갓 쓴 도포자락
시 읊듯 사주단자 조곤조곤 펄럭이고
합환주 나눈 옛정 석류알로 익어 간다.

2

첫사랑

첫사랑

설레임 안고
달디 단 밀어
노고지리 우짖는 것처럼
모롱이 산길
꿈 엮으며 걸었었네

은빛 새 구두 속에
갇힌 발가락들이
뜨거운 숨결을
토하며 뒤척거리고

콩깍지 덮인 발톱까지
연한 부드러움으로
속살거리던
아련한 추억이여.

신혼집

결 고운 옥빛 커튼에
눈부신 마음 앉혀두고

새 신방 치장하는
한 쌍의 원앙새

봄꽃 같은 숨결로
아리따운 입맞춤 하더니

애교 떠는
신접꽃으로 피어나

천생연분 둥지 속
향그런 노랫소리 그득하다.

편지

먼 기억의 이야기 안고
분홍 꽃잎처럼 젖은 봉투 하나

번져가는 물기를
설렘으로 다독입니다

오래동안 잊고 있던
창 하나 가슴으로 열자

감출 수 없는 그리움이
깨알 같이 쏟아져

부드러운 속삭임
고운 사랑의 향기인 양
껴안아 봅니다.

그대 귀빠진 날

사남매 탯줄 움켜쥔 오진 보금자리
눈길마다 소담소담 숨결로 차오를 때

세월품은 넉살주름 안쓰러이 볼 부비며
해맑은 향기 가슴에 매달아

일흔여섯 번째 내려앉은 눈꺼풀
하나씩 열어 본다

아롱다롱 싱그러움이
무늬 펼쳐 떠밀고 온 노을자락

푸른 시간 잠재운 쉼터 되어
찬란했던 날의 의미 한 톨씩 쪼개어

따스함으로
그 매운 중심을 채우고 있다.

막내 결혼식

봄날 같은
속삭임의 꽃밭

정다운 발길들
설렘 타고 흐르고

출렁거리는 향기
입가에 머금어

청춘의 꿈
광장에 풀어 놓고

고귀한 사랑 엮어
가슴 벅차게 내딛는

뜨겁게 손잡고 나아가는
눈부신 텃밭.

손주 탄생

구월 구일
산실 앞
입술 타들던
긴 기다림

은밀한 벽 밀치며
세상 밖으로 나온
오묘하고 찬란한
신비의 힘

우렁찬
첫 울림으로 안길 때
요람에 젖내음 풍기며
아늑히 출렁이는
환희의 사랑.

명절

청년 티 나는 큰 손자
처녀 티 풍기는 손녀
거꾸로 물구나무 선
개구쟁이 까지
넙죽넙죽 절을 한다

달그락 달그락
젓가락 소리
오도독 오도독
반가움 깨무는 소리
쫑알쫑알 재잘거리는 소리로
문지방이 닳는다

청솔처럼
푸른 웃음들이
담 허리를 넘어
골목길에 쏴아 쏟아진다.

손녀들

쌍둥이 같은 지원 우림
긴 머릿결 사이로

싱그런 웃음 키 재기 하며
다정히 흘러내리고

젖내 풍기던 뽀얀 볼 위에
어느새 뾰롱뾰롱 여드름 돋아

한 계단씩
봄꽃의 문 두드리며
긴 다리가 물결처럼 걸을 때면

너희 안고 흔들었던 자장가가
추억 넘어 도담도담
사랑의 선율로 다가온다.

할머니

첫새벽
시린 별빛 흐르는 물동이에
퍼담은 외로운 조각달
빈 가슴 헤집는 물레살 바람
기원의 촛불 정성 빌어
타들던 뒷모습
안고 어르던 유년이
따사로운 입김처럼 사무치면
달큰한 젖살 내음 몽실몽실 솟아나
품은 것 살점처럼 다 내어주고도
모자란 그리움의 산실
추억하는 시간 속에
아직도 뒹굴며
애틋하게 기리는
환한 미소.

가족 · 1

여행 나온
산여울 물드는 푸른 소리에
별빛 파르라니
몸부림쳐대는 중산리

나직이 들꽃자락 베고 누워
숨차게 달려온 날개 털고
풀벌레처럼 지칠 줄 모르는 함박웃음
보고만 있어도 배가 부른 나의 맥박줄기
그 혈자리마다 생기 돋아 뒤척이는 젊음들

손주들의 밤톨같은 재롱은
가을 문턱만큼이나 싱그러움 일깨우고
등허리 달콤히 비벼대며
짙은 솔내음
심장마다 뜨겁게 되살아 흐른다.

가족 · 2

비 갠날 깃 세워 너스레 떠는 오후
꽃잔디 뒤엉켜
윤기 흐르는 풍경의 집

쑥내보다 진한 사랑
황토방에 풀어놓고
호수 물굽이 차고 소슬바람 달아난다

기다림으로 채운 향기 얼싸안아 부비며
그림자도 눈에 익은 곱디고운
내 사랑들아

주름진 훈김 치마폭에 끌어안고
기억의 모서리에 입맛 젖은 풋머리
쫄깃거리는 쑥개떡에 볼우물 단침 돌고

목 풀어 밤 지새우는 소쩍새 울음 따라
포름한 별빛 우수수 문풍지 떨어대면
도랑물도 도란도란 결 고운 저 몸짓

안개 같은 피곤이 구들장에 등 어루어
소근대는 숨결들
토닥토닥 한밤을 품는다.

그대 있어 좋은 날

군고구마 향으로 가득 채운 방안
동치미 국물 한 주발에 고명 띄운 송이 눈
마주 앉아 벗겨낸 노오란 속살들
진득진득 달콤함
떨리는 손끝 뜨겁게 매달려
모시고 살았던 시집살이가
오십 년 골진 추억을 물컹 되씹는다

된바람에 비파꽃 피어나듯
식솔들 입성 먹성 어깨 위 늘어질 때
한겨울 추위처럼 잠도 오지 않았다
묵언으로 참아온 둘 만의 오늘이
북적대던 그날들 세월 속 늘어지고
촉기 없는 눈빛 구부정히 등대고 앉아
농담 한 톨 주름위 얹혀 놓고
낡은 기둥처럼 서로를 의지하며
그 끈으로 훈김 채운 가없는 사랑.

노년의 부부

인연 줄 붙잡고서
조각보처럼 덧댄
세월의 밑그림

무딘 숨소리마저도
애처로운
굽잇길

궂은 날
바람난 통증들이
뼛속 곰삭혀 울 때도

속엣말 꼬시르며
비워내는
동행.

명줄

칠십 해의 중량을 어깨에 메고
시간의 페달을 밟아가는 호흡이
발효되어 걸러지는 순간

돼지머리 안주에 불타던
허리 굽은 막걸리도

휘청거리며
균형 잃은 풀꽃향도

마른 삭정이로 버텨내는
침묵의 냉기도

핏줄 물고 늘어지며
불씨 지키듯 떠받히는
푸른 고백.

거울 보듯

굽은 어깨 위로 껴안은 세월이
헛기침으로 흩어져 빠져 나가고

흰서리 밭에 앉은 그리움들이
목구멍에서 서성거린 깃발을
흔들어대면

숨 죽여 걸어왔던 흔적들 모아
아릿한 당김줄에 등 기댄 채

눈 귀 흘겨 점점이 찍힌
상처의 허기들을
구겨진 그림자로 드러눕히고

속 다 퍼준 싱거운 몸뚱이만
밥상 앞에 앉힌다.

감기

물통거리에서 붙잡힌
쐰 바람 한 점
오금 더듬어 기를 세우더니

콧속 여미며 제 집이라고
문지방 닳듯 콧방울 핥퀴고
고드름 같은 콧물 쏟으며

얼리다 부풀리다 녹여낸 삭신
흐느적이며 옥죈 뼈마디 마다
그날 이마 적셔댄 그놈 짓이라고
가시처럼 쪼아댄 생기침 탓이라고

몇 번의 약봉지가
속쓰림을 비워내며
그르렁거린 약사 눈빛에
쇠한 마스크가 씌워져있다.

뽐내고 싶은 일상에 빗물 스며들 듯

미세한 바람이 던진 언어의 뼈들을
깨알같이 쓸어 담는다
여린 속살들은
냉기로 구르다 오장에 부딪힌다
끊임없는 줄다리기 속에
멍든 줄도 모르면서 얼 부풀어
불길 채우다 스러지고
설움도 아림도 없이 먼지만 일으킨다
쪼그라든 풀잎같이
젖지도 못하고
마음 끄는 대로 최면을 걸어 보지만
눅진히 물 쓴 종잇장처럼
시뗣은 연속극 한 편 붙잡고
문풍지가 울거나 어깨 잡아 흔들거나
고정된 채널 속으로 깔깔거리며
실뿌리 더듬듯 위로의 전문을 보낸다.

세월호 참사

파도가 바람에 쓰러져 흐느껴 운다
찢어진 날개 파닥이다 휘감겨 기진한 채
목에 찬 설움이 턱밑까지 한기로 뒤엉켜 하늘을 덮고
맹골수도 소용돌이만 매몰차게 안개에 쌓였는데

분 초 다툰 귀에 머문 저 낭랑한 목소리
입술 언저리에 맴돌아 오는 온기 서린 별무리
제비처럼 살깃 부벼 호흡했던 꽃무리
어찌할거나 어찌할거나

얼룩진 간절한 기도 오열로 포효하고
검게 타다 남은 숯덩이 얼음장으로 굳어져
팽목항 시리게 목쉰 몸부림
어찌할거나 어찌할거나.

친정에 가면

물든 마음이 은은히 번져
아릿한 그리움에 젖을 즈음

마른 들판이 아지랑이로 차오르고
꿩들의 노래는 덤불속 펄펄 내리는데
눈시울 붉은 비지땀은 굽은 산자락 적신다

젖줄 같은 수액이 달보드레
핏줄 돌아 따스해져 오면
치맛귀 닳도록 부지런한
오라버니 내외 목소리가
긴 햇살 말아 포단처럼 나를 업고 다닌다

곰실곰실 자란 저 고운 풋머리들은
사랑 먹은 땅심에 질펀하게 풀어놓아
살가운 호흡으로 반들거리고

훈풍에 취한 자리마다 단내음 불러들여
매화꽃인 양 피어나는 만남은
검버섯 눌러붙은 해묵은 정들을
푸짐한 울림으로 빼근히 길어 올려
뜨겁게 뜨겁게 말리고 있다.

친정집

청댓잎 사운거리듯
울어 지샌 날들
꾸리 감은 할머니와 베 짜는 엄마
매운 세월 씨줄 날줄 엮어대고
밥풀냄새 손발 끝 닳고 닳으면
강줄기 같은 신음 소리 수천 번 몰아쉰 얼룩이
눈뜬 꾸러미 푸른 봄귀 열듯
날개 펴 거친 숨쉰다
설렘은 뿌리 안고 깊이 파고들어
그 땅위에 심지 내린 불꽃으로
뭉클한 빈자리 채우고
아직도 따스한 숨결이 향기로 번져 간다.

자전거 타는 손주

뽀얀 그리움이 달린다
두 바퀴가 허벅지 근육 움켜쥔 채
발바닥 부비며
둥근 원을 돌린다
울퉁불퉁 자갈길 달리면서
굽잇길 돌아
핸들 잘못 꺾일 때마다
붕대 감던 무릎은 붉은 눈물 짜냈다
아직 덜 익은 글귀 무성히 다듬으며
켜켜이 쌓인 책장 너머
검은 초점 굴리는 눈자위
차곡차곡 내일 위해 달린다
아직 꿈꾸고 있는 바퀴살들
마음 위에 맴돌아 피어날 때마다
두 힘 세 힘 모두 합쳐
감아올린 체인으로
기찬 큰 울림의 페달을 밟는다.

맘자락 주물러 준 그대 있어

긴 잠에서 깨어난 꿈
자박거리며 붙잡고 늘어질 때
갈망은 훅훅 열병을 앓았다
허물 벗은 늦매미 울음처럼
미약한 날개 파닥일 적마다
등가죽에 접힌 주름 숨찼다
깊숙이 더듬거리던
이명으로 귀를 씻고
독백 같은 속살이 가시로 돋았다
소리 죽인 덩굴이
풀숲 헤쳐 기어올라
몸살 열고 살금 햇눈 뜬다.

어머니의 임종

흰 햇살 고르던 마음자락
구순의 마디마다 어르던
마른 풀잎 녹이는 소리

비녀 끝에 머문 시간의 줄거리가
쓰디쓰게 차오르는 삶의 허기로
눈매 깊숙이 고여 저미는 침묵입니다

노래 잃은 고백의 불면이
날 밤 새던 가슴벽 회오리 일면
달구어낸 봇물 같은 하소연 세월의 허리 쿡쿡
찌르는 서리로 돋았습니다

이젠 외롭지 마세요
마흔 해 머문 고부간의 온기로
한 호흡씩 기도로 바라본 혈육들
텃밭의 봄볕으로 따스히 보듬어 드립니다

자분거린 기침소리도
따글거린 등긁게 부름도
몽슬한 칫솔꽁지로 고인 화음 말아내면서

목화향 같은 눈웃음 살금히 맡아봅니다

머릿결 헹구던 날 아침
더운 바람 살포시 말려주던 며느리 품에
소르르 마지막 긴잠 들던 당신
헛헛이 떠난 발자국 홑이불 한 자락 감싸안습니다.

아버지의 뜨락

폭포 몸 비틀어 봄소리 얹으면
흙내음 불러 가슴에 감겨 오고
뿌리 깊은 맥박 흐르는 복바위 터
제 살 벌려 뼈아픔 안은 텃자리

유년에 보았던 할머니의 무명지
효심(孝心)으로 덧난 자리 더욱 선명하고
부황 든 보릿고개 잔치마당 펼친 바닥

아리게 겪은 갈증들의
그 숨소리 맨발로 북돋아 세우고
대숲 같은 목소리 골골이 남아

조롱박 같은 칠 남매 꽃심 여물 듯
광채의 숲 우거지고
자자손손 무성한 가르침의 숨결 넘실거립니다.

그 정 그리워

참외가 돌실장에 노랗게 맛 들 때면
강 굽이마다 휘인 허리 남실대고

반딧불이 푸르숭히 멱을 감는 큰 도랑에
어우렁 더우렁 풀어내리는 달빛자락 아래

이질 이모 딸딸이
고만고만한 터울로 꽃잎 고운 나들이 길

머리비늘 설기설기 흔적 내린 지금도
눈썹 끝 이슬 달고 총총걸음 내들면

뻐꾸기 울음 따라
두런두런 그리움이 갈증으로 여울지고

돌담 허그러지게 배꼽 잡던 웃음들은
접동새 울음처럼 제 설움 삼켜대고

애처로운 메아리만 허기진 별빛 건너
몽기몽기 솟는 추억 함초롬히 녹아 흐른다.

나

겨울 서리 같은 마음이
어긋난 발톱에 뭉글려
밟힌다

징징 부서지는 소리들은
낡아져 어른거리며
침침한 동굴이 되고

들숨날숨 춤추던 호흡의 벽은 드르렁 허물어져
이젠 귓속 파고들어 운다

쓰디쓴 고독은 야위어 가는 허물 안고
허망함의 빈 껍데기 핥으며
세월의 무늬 속으로 잠겨 간다.

내 사랑

할배 귀빠진 날 한천골이 시끌벅적
피붙이 볼 부빔 한바탕 얼싸안은
휴양림 움켜쥔 산새들의
편백숲 보금자리

초록 숨소리
지친 날개 훌훌 벗어 물들고
흰 구름도 도란도란
귓문 열고 넘는 고갯길

안고 어르던 포대기 싸인 사랑
되돌아 펴내는 애틋한 손짓처럼
한바탕 스쳐갈
봄날의 나그넷길

향기로 익어가는 달콤한 나래짓
가슴에 풀어놓고
다복다복 채워내는 웃음소리로
여기 옹골찬 뿌리의 텃밭.

고향집의 오월

한 평생 호미질로 흙 일궈댈 적
풋것들이 새살거리며 무성히 자라
햇살을 뚝뚝 잘라먹고

밭고랑 땀방울이
늘어진 매화 가지에
치렁치렁

비집고 우려낸
싱그런 향기가
신맛으로 스며들고

우거진 풀 숲에서
아이 손목 같은 포동한 고사리 꺾던
그 시절 데려와 망태 가득 담아두고

지천으로 나풀대던 쑥들
도굿대로 봄 떡 찧어댄 쑥 향이
아직도 절구통에 남아
입안 가득 쫀득이고

단꿀같이 푸르러만 가는
빛이 시리다.

외손주

대학 합격 소식이
비파나무 꽃송이로
쫑알쫑알 피어나던 날

갱엿이 딱지처럼
들러붙는 교정 앞

침샘 마른 기원의 촛불로
채우던 여백은
푸른빛으로 차오르고

눈썹에 담아
널 안고 달려온 호흡들은
환호의 기쁨이 되는데

속살거리던 사랑의 빛은
활짝 펴
귓등으로 달아오른다.

친정어머니

선달 긴긴 날밤
호롱불 아래
달덩이만큼이나 꽉 찬 양수 속
탯줄에 묶인 나를 달래며

어머니 손길은 부산을 떨며
솜옷 두 벌 꾸며 장롱에 재워두고

바늘귀 쑤셔댄 골무꽁지 끝처럼
아픈 배를 참으며
낳으셨다지요.

그때부터
솜옷 두 벌은 내 운명의 끈이 되어
궁합을 볼 때도 운세를 볼 때도
꿈의 별자리가 되어
곱게도 삶의 무늬를 그려주었지요

혼솔에 실밥 터지고
옆구리 시리던 날들도
사주팔자 젊어진 바지게처럼

달래주기도 했지요

이제는
솜옷의 더께 위에
침침한 눈으로
깨알 같은 詩 더듬으며
나의 아침을 열고 있지요.

네 살 손주

꿈꾸듯 봄햇살 흐르는 거실
동동동 발자국 소리
방문 열고 눈 비빈 이야기로 쌩긋 웃고
할배 가슴 파고들어 일어선 하루

와르르 쏟아져 구르는 퍼즐
곰질곰질 짚으며 짜맞춘 쫑알거림
칙칙폭폭 기차에 어린양 싣고 달리면
삐용삐용 떼쓰고 앙증 나팔 분다

멜로디 맞춰 무도회가 열리고
한몸 된 할배 할매 인형 놀이꾼 되어
손 맞잡고 빙빙 돌아 춤추다가
발 닿지 않은 고양이 되어 살금살금 쇼파 위로 오른다

장군놀이 어제와 목마타기 오늘이
뒹굴다 엎어지다 난장판 웅살 속에
빨개진 얼굴로 끙끙거린 눈치의 그림자
비밀스레 둥지 튼 식탁 아래
크레파스로 벽과 바닥이 화판이 된다

〉

뭉청한 냄새 한 보따리 엉덩이에 굴리고
더운 입김 뿌리는 한 자락
정 무더기로 쏟아진다.

손주들의 노래

훈김 넣은 글발 서랍장 열면
제비처럼 조잘조잘 아가들 숨소리
할미 할배 넘친 가슴 뭉클뭉클 샘솟고
저마다 둥지 속 알콩달콩

큰 녀석은 대학에서 군 입대 기다리고
두 이뿐이는 대학 꿈 부풀고
두 녀석은 학교 생활 분주하고
네 살 꼬맹이는 아빠곰 엄마곰
젖먹이는 옹아리로
오색 등불 켠다

울 안에 피어오른 꽃송이들
따사로운 향기로 젖어들어
모락모락 피어오른 미소 한 자락
노 저어 길 열면

쑥내음보다 더 진한
그 사랑에 안기운 은밀한 시간
땀 재운 지금
금빛 은빛 보석처럼 다듬는다.

오른팔

후끈후끈 생비지땀 흘리는 506호
족쇄를 목걸이처럼 차고
양 볼기짝에 풍선 바람 넣듯
찔러대는 주사액에
새파랗게 질려 있는 팔

상머슴 되어 충성을 다하고도
칠십 해 동안 알뜰한 사랑 한 번
제대로 못 받아본 서러움이
퉁퉁 부어 뼈아픔을 씹고 있다

참으로 오랜만에
시녀 같은 과거를 안고
어름장 같이 차갑고 견고한
밤을 맞는다.

3

한가한 날의 독백

한가한 날의 독백

세월의 향기
켜켜이 쌓여도

눈가 주름 사이에서
짓눌려 소리 한 번 못 질러본
연민들이
끄응 하더니

발자국 소리도 없이
날마다 날마다 담 넘어

정열처럼 남은 까치밥
먹었나 안 먹었나 살핀다.

집수리 전야

어느 쪽으로든
앞뒤 가리지 않고
벽에 붙여두고 창에 붙여두고
숨이 차서 드러눕지도 못 한다

습기로 얼룩진 벽은
입이 뒤숭그러진 채
방 굽도리를 흘리고 있고

커튼 사이를
오르내리던 거미는
제 멋대로 그네를 타고 있는데

돗자리위에 앉은 추억은
짐짝처럼 먼지를 허옇게 이고
퀘퀘한 삶의 체취를 맡고 있다.

변화

길을 잘라
깊게 파 배관을 묻고
거미줄 같은 쇠붙이가
담장을 넘어
집 모서리를 감아 돌아
보일러와 렌지에 둥지를 틀었다

방들을 데워내고
음식을 익혀준
드럼통 고것들은
세월의 먼지를 뒤집어쓰고
마당에 나와
원망의 눈초리로 마중을 하더니

정든 집을 버리고
쩌엉 소리를 내며
리어카 위에 올라앉는다.

수레

투덜거리는
낡은 바퀴에
찌든 얼룩들이
삐그덕 거린다

움추린
마디마다
한 조각씩 깨물며
굴러 간다

부대껴
비틀거림도
게으른
아쉬운 눈빛

낡아
사그라드는
허무한 존재

애가(哀家)

골목 어귀 리어카위에
빈 박스들이 쌓여있다

샷시대문에 박힌 추억들이 문 열어
철렁대는 소리가 별꽃으로 피어날 때면
어둔한 숨소리가 술에 취해 비틀대며 칭얼거린다

해묵은 그리움 속에서 외로움 안고
냉장고만 돌리고 있는 아내
반겨줄 흔적이 기다리지 않아도
허퉁허퉁 들어가는 아저씨

쓰디쓴 목마른 허기를
달래줄 누렁이가 자지러지고

문틈으로 빼꼼히 보고 있던
박꽃 같은 눈빛이
움츠려 옹그라든다

종일 기웃거렸던 슬픔들이
휘어진 등보다 더 높게

아저씨를 떠밀고 들어온다

고독을 달래줄 먼지들도
허름한 창틀 속으로 끼어든다.

눈물

구제역의
아린 통증이
땅속 깊숙이 후벼대는 겨울

흙구덩이에 묻힌
슬픈 비명이
붉게 쏟아져 웅성거리고

솟아오르는 긴 한숨 같은
생명의 냄새는
불면의 써레질에
짓물러만 가고

하얀 까운도
장화 신은 발도
창백한 소용돌이에
휘말려 얼어붙는다.

떡국

퉁퉁 불어
헛기침 해대다

수증기에 데인
뿌득거리는 쇳소리 터널 속에서

두 주먹 불끈 쥔 채로
매끄럽게 빠져나와

등 부벼 눕고
장작개비처럼 굳어지는
몸뚱이

눈물 한 방울 흘리지 못한
허연 냉가슴에 박힌 나이를 세며

목숨 건 시련
치자 꽃잎처럼 잘려 나와

새해아침 고명 얹은
진미의 상 위에서 절을 받는가.

하모니카

풋콩 영그는 더벅머리 더위들이
반딧불이의 속삭임에 마실을 나와
도랑 따라 흐르는 감미로운 멜로디

지붕위에 하얀 박꽃
향기 채운 수틀 속에
강물 같은 이야기가
댕기 끝에 파고들면

싸리울타리 눈 흘기며
소리 없이 열어주던
달빛 젖은 푸른 꿈이
모락모락 물들던 정분

쭉정이 어깨위에 내리는 노을
음계 더듬는 입술에 꽃이 핀다고
숨차도록 불어대는 소리 소리들.

고등어 부침개

해질녘
그물코 장바구니에 담긴
푸른 물빛이
또 다른 세상을 만난다

대양의 비린내랑
양념 속에서 호흡하다

달궈진 팬 위에
몸을 풀더니

노릇한 빛깔로 남아
그림 같은 접시에
진미로 담겨져

고소한 향기 따라
야금거린 파도에
포만의 배 출렁이며
바닷길로 흘러든다.

골목 안 사람들

귀때기 새파랗던 지붕들이
망초꽃처럼 퇴색해지고부터
대문 돌쩌귀 묵은 쇠 울음 토하고

멍에처럼 짊어진 짐 벗어
빛살 트는 정자 위에
홀가분히 걸어 두고
위안 묶어 등 괴고 앉는다

손에 쥔 꽃그림이
한 닢씩 무료를 떨궈대면
옹색하게 버틴 이빨 하나
예민한 추억 한 점 포개어
입담 넣은 미련 올려놓고

남은 날들이 시들지 않게
핏발 선 눈빛 쓸어 담아
웃음보의 정을 튼다.

말바우 시장

새벽잠들이
좌판에 둘러 앉아
눈길 쓸어 담는

햇살 든 봉지와
장바구니가
밀고 당기는 곳

마른 나물 몇 뭇과
푸성귀 다발이
시린 소원들과
씨름하는

모여든 향수들이
팥죽 한 사발
후후 부는 곳.

둘이서

나비걸음으로 노인대학에 갑니다
서로를 붙들고 소담소담 피어난 눈웃음 맞추며

향수 젖은 달착지근한 햇살 아래
광택 나는 뒤뚱걸음

보드랍게 훔쳐낸 주름 사이로
오지랖에 감춘 깊은 속내

붉어지는 홍매처럼
몸 단장해야 향기나는 법이여

화장 한번 못해 본 매운 꽃시절 뒤안길에서
야야 내 얼굴이 왜 이런다냐

흐려진 눈빛 어두워진 귓문에도
고랑진 허기의 행복이여.

귀틀집

연못이 새치름한 낯빛으로
둥지 튼 수초들
다박머리처럼 깔고 앉아 있다

낭만이 뛰어 들자
화들짝 놀란 분수대가
용솟음쳐 오른다

낮달 하나 품은 은빛 나래짓이
높이 오를수록
아름다운 언약 한 톨씩 햇살로 버무린 날

입술에 고인 벚찌맛 웃음과
둔덕에 자란 머위향 같은 정겨움
온몸 가득 꽃다지로 비벼 넣는 자리

해맑은 기운이 생갈이 하듯
실핏줄마다 주름 털며
노을까지 동여맨다.

*귀틀집 : 통나무로 네 귀를 맞춰 지은 집
*꽃다지 : 오이나 가지 등의 처음으로 열린 열매

귀갓길

해운대의 마지막 날
겨울비가 바람과 입 맞추듯
숨 가쁘게 내몰았다

동백섬 돌아 광한교 지나
눈길 만나던 곳마다
피어난 속삭임
어룽진 차창에 걸어두고

남해고속도로 따라
휴게소 표지판 더듬던 여정은
휩싸인 안개에 갇혀
벙어리처럼 졸고

지리산 뒷골 산청골 안겼다가
짐 부려 쉬던 함양 넋두리
바람 구름 벗되어 88도로를 밀어 올리니
향수는 저 멀리 툇마루에 앉아 있다.

석곡오일장

이십 리 등짐 위에 어깨 아린 다리품
시끌벅적 난장 튼 새벽 우시장
돌실 한쪽 무너지듯 젖떼기 울음소리

새끼돼지 우굴우굴 임자 만나 팔려가고
돼지국밥 한 대접에 속 풀고 돌아오면
바작 위의 내 꽃신도 저리 고와라

아버지 두루마기 속 감겨진 전대에는
돈다발로 묶어진 새끼들 울음이
내장처럼 줄줄이 허리를 돌았네.

송올송올 목탄 숨길 내뿜는 날이면

초록에 취한 벼
호맹이 끝에 뒤척거리고

젓줄 같은 물꼬에 보채는 삽자루는
방천 난 쐐기 말뚝 허구렁 짚어대고

샛거리 콩국수 내음
돌담 틈에 휘늘어지고

갈짓자로 걷는 아재
혀 말린 소리로 월령가 들썩이다
무논이 안방인 양 개구리처럼 뒹굴고

널벅지에 칭얼대던 쳇바퀴는
능청능청 취한 몸 허덕이며
쪽박만 덤벙거리고

불길보다 뜨거운 햇발은
땀에 젖어 자지러지고.

바래봉 철쭉

풍악 타듯 설레발 친
높새바람
시샘의 눈길 밝혀
능선마다 안고 돈다

첫 정 꿈꾸는
자드락길 모롱이마다
방망이질 하듯 도드락도드락
우려낸 가슴 덫에 걸린 유혹처럼

몸살 앓듯
뒤엉켜 울어대다
휘청거리며 헹굼질하는
앵둣빛 꽃물결.

편백 숲

굵고 높은 침묵이
운림동 산 에워싸고
바람소리와 길손이
은밀히 돗자리 펼쳐 쉬어 가는 곳

일렁거리는 햇발도 따라와
들이쉬고 내쉬는 숨결을
유리알처럼 쏟다가
명당인 듯 봉분 없는 무덤가에
반짝 자리 잡고 앉았다

매양 산 자나 죽은 자나
숲의 맨살을 호흡으로 다독이며
눈 맑은 속살이 뼛속깊이 스미도록
거칠고 무딘 생의 기억을 푸르게 다독인다

본래 살던 다람쥐도 쑥국새도
오월의 문턱을 출렁이며 휘감아
오만가지 이야기로 속닥거리다가
서글퍼지는 생각을 이내 잘라내고
보드라운 향기 속으로 몸만 끌고 되돌아간다.

여름 단상

처마 밑 시렁 위
육쪽마늘의 하얀 살가움
살찌워 내리던 날

포근한 감자처럼
더운 정 담아내는
동생 내외 닮은 고향

뽕나무 그늘 아래
영계가 지렁이 물고
몰려다니며 퍼덕이는 앞마당

장독대 농익은
앵두 속살이
그리움 담아 쪼로롱거리고

논귀 밭귀 푸르름이
손끝 발끝 단물 길어
풍년 꿈 서려 있네.

금오산

두견화 피는 골에
구름 같은 푸른 솔

울타리인 양 삼릉 사이로
굽이져 숲을 이루고

능선 줄기
기암괴석들은
숨결 불어 넣어

한 생애
부처로 태어나
천 년의 얼 꽃 피우며

뼛속 꿰뚫는 세월
누우런 이끼 옷으로
치장한 채

물길 같은
혈맥의 발자취
범종소리로 일깨우며

〉

태초의 땅 위에
천수관음으로
서 있다.

청학동

가을 문턱을 넘나드는 햇살
두류산 삼신봉의
좁은 문 들어서니

그림처럼 안겨 오는
민족의 탯자리

돌탑 솟대 돌담이 잉태한
어미의 자궁 같은
배달길 따라 돌 계단 오르니

태고의 자연이
한풀선사의 뼈 닮은 얼과 노닐다
별유천지(別有天地)로 길 떠난다.

혼불 문학관

뒷골 새암바위 흐르는 물줄기
종갓집 사연 풀어 물레방아 돌리고

거멍굴 후려 밀어 올린 초록바람
뭉클뭉클 찻잔 위에 얼비치고

비오리 주막 탑탑한 막걸리 한 사발에
노봉 원뜸의 서린 애환 묻어나고

하늘 떠받는 청댓잎 사이로
소소소 바람 끄는 소리

가신 임 배웅하듯
솟대 따라 무심히 서 있고

청암마님의 서슬 퍼런 향기
핏줄과 핏줄 중허리 껴안고 앉아

소살소살 정자 위에
노적봉 벼슬봉 기맥 풀어놓고

청호 저수지만
예나 지금이나 들판 가득 적시고 있네.

4

수만리의 봄

수만리의 봄

꽃무리를 허리에 감은
길들이
구불거리며 기어오른다

훑어낸 돌풍에도
고개 끄덕이며
아련한 그리움처럼
일렁거려 피어난 환희의 물결

연초록 잎새
햇살 움켜쥔 채
하냥 부풀어 팔랑거리고

눈치 없이 시샘하는
턱 괴고 앉은
산새들의 향연에
춤추듯 휘청거리는 나뭇가지들

분분한 흔적들
이름 모를 잡초들 사이로
속삭이며 밀려오는 봄.

봄의 말

그리움은
속알이 하는
청춘을 갉아 먹고
뾰루퉁한 입술로
털어 놓은 이야기들을
애틋한 수줍음으로 풀어 놓는다

춘설의 외침도
비단결 바람도
정열의 찬란함도
매혹의 혼신 속으로 유혹 한다

달콤한 향기로
터질 것 같은
속내 울렁이며
오래전
묻어두었던 사랑을
가슴의 창 활짝 열어 내어주었다.

봄

등 굽은 하루
끌고 온
설움

시린 마디마다
녹아든
무언의 몸짓

넋두리 한 음절씩
톡톡
떨궈 댄다

하얀 향기에 젖어
마른 풀잎에 토해낸
열꽃 피어오르면

소란 떨던 실핏줄은
불면으로 눌린 추억
온기로 채우고 있다.

4월

꽃불로 번져온
수만리 고갯길에

어지럽게 정분난
가슴앓이

굽이마다
자지러진 진통 껴안고

머뭇거리며
사위어 갈 즈음

질긴 인연줄
비워 가며

혼으로 태워 밝힌
멍자국 깊어만 간다.

나의 가을

소낙비에 칭얼대던 애틋함
눈 마주쳐 넘쳐나는
밭둑마다 그리움으로 이글거리고

서성거린 고독의 늪을 지나
물들어 오는 빛깔과
들끓는 달콤함 매달고

침묵에 떨다가
시린 안개에 갇혀 쏟아놓은 고백들
툭툭 던져 검붉게 뒹굴고

젖으며 젖으며 기도하듯
갈꽃 사이로 풀어내는
노래 한 소절.

가을 들판

노오란 그리움으로 물들이며
여물어지는 벼의 속살들이
곰실곰실 향기로 차오르고

바람 한 자락에도
땀 밴 치맛폭 두근거리고
구릿빛 주름살 골 깊게
살가운 미소 입가에 번질 때

아버지 같은 들판이
어머니 같은 밭두렁이
만삭의 설레임으로

굽은 허리의
진통을 채워 내고 있다.

겨울

지쳐 나풀대던
새하얀 눈
혼돈을 주저앉히고

눈사람처럼 동여 맨
얼키고 설킨 찌그러진 상흔
눈길 떨게 하고

꿈틀대는
뱀 혀 같은 성깔은
힘 잃고 얼다 부풀다
펑펑 터진다.

나목(裸木)

옹이져 부대껴
등 굽은 날들

수십 해
핥고 지나간
시린 바람 붙들어

동산에
소중한 사랑 하나
심어 놓고

등짐 벗듯
내려놓은
빈 마음

두 손 벌려
가벼운 날갯짓으로
훨훨 날아 오른다.

순천만

시린 발목 자박대며
자지러질듯 안고 도는
낭창한 갯바람

빼금대다 뛰어오른 짱뚱어
옆살걸음 콩게들
수군대는 놀이터

매무새 다듬는
흑두루미 저어새
무리 지어 노닐다
깃 치며 날아오른
수묵화

밀실 바다는
포옹당한 햇발에 누워
잉태한 뱃살 드러내놓고
만삭의 황금빛 뜨겁게 호흡한다.

청포도 그늘 아래서

불꽃 정열로
입술 포갤 때마다
촘촘히 기어오른 초록 넝쿨

끓어오른 대지의
가슴앓이에도
소담스레 매달린 순수들

들바람 살포시 스칠 때마다
숨결인 양
향기 품어 꿈을 꾸며

덫에 걸린 절정
애련 휘돌아
송골송골 피올리네.

태풍

맷돌 같은 눈자위가 하늘 쓸며 몸집 부풀리다
물거품 헉헉 대며 바다 삼켜 뭍에 오르면
짐승 같은 놈들이 도시의 지붕 빠져 나와
은행나무 묵은 매연 이불처럼 덮친다

웅성웅성 무너진 것들을 향해
펄럭이다 고함지르다 하늘 높이 솟았다가
모든 벽을 지나 쇠소리를 내다 후둑후둑
포효하며 서늘한 가슴 핥고 지나간다

바람 따라 너릿재 터널 빠져나온 우정이
호박넝쿨 수다 내려놓은 텃밭 올라
마음 펄럭이며 추억 깔아 꽃피울 때
고구마순도 콩잎들도 허리 굽혀 떠나라 손짓하고

처마 밑 기어드는 제비처럼 앉아
훌겨대는 빗방울 청정한 가을 부르는 소리
솔잎소리 저수지 물오르는 소리
참새소리 곡식 여물 드는 소리 진동할 것이다

첫눈

십이 월 첫날 허공 밀쳐둔 하늘 문 열고
수척한 깃털로 찾아온 손님
체온 나눈 첫사랑인 양
홍건히 젖은 저 눈빛들
백색의 침묵 속으로 훨훨 몸 사른다
차가운 유리창 스쳐지나는 헛발길질
묵은 때로 울어 버릴
만삭의 달은 뭉개 스러지며
스케치하듯 넘치는 화폭
부러진 햇발이 그리움 앞에 버둥거리며
시심 한 구절씩 베어 물고 희열 느낀
맨발의 하얀 목청.

홍도

가슴에 별 하나 안고
외롭게 눈알 굴려 보지만
뱃고동 소리만
점점 멀어져 간다

그 밤 파도는
너의 허리 붙들고
모질게 부대끼며
붉게 피눈물을 흘렸구나

게거품 입맞춤으로
오가는
이별 노래
바다 눈으로
그려내도

하염없이
붉은 가슴
애만 탄다.

곰소항

젓갈 내음으로 도배한 선창
왁자한 은빛 시간 펴 올리면

꼬리치는 숨결들 좌판 위에 눕혀
매운 손길로 짯짯이 다듬고

미끼 던진 세칼바람
석쇠 연기 훑어 번지면

고소한 맛 낚시 하듯 전어구이 여리꾼
살찌운 바다노래 끌어당기고

드럼통마다 물컹 부릅튼 물비린내로
골싹골싹 절여 스며든 하루

젓통 하나 들고
질척거린 물기 밟고 서 있다.

법계사 오르는 길

한 끌어안은 반백 년 지난 세월
검바위 말문 닫고
능선 타고 내려오는 까막까치 나래짓

안개 일어 이불인 양
절 하나 품어 안고

발 부릅트도록 쫓기고 쫓았을
상잔(相殘)의 아픔
골짝마다 묻어둔 채

허공향한 초록울음
하늘빛 가리우니

밀어올린 바람결에
목탁소리 넋인 양
공양으로 스며들면

깊게 깊게
차오르는 옥색 물소리
어깻죽지 쉬어든다.

소록도

파도는 부서져 떠났다 또 오는데
어쩌라고 맥박마다 대못 박아 절뚝이며
경기 하듯 뼛마디 뭉글려 뒤틀리나

채슬음 치듯 살아온 긴긴 여정이
붉은 벽돌 창틈으로 스미고
먹물 같은 생채기 친친 감아 돌리는 하루

눅눅하고 음산한 절규로
덪같이 뒤집어 쓴 이름
죽고 또 죽어 눈멀던 고백조차 재로 남아

가깝고도 먼 그리움의 탄식이
철조망 사이로 긴 목 빼어낸 채 발돋움 하고
울고 울어서 젖은 손수건만 너울댄다

썰물져 가는 해조음
석양에 낮게낮게 깔리고
목매던 노래는 저리 질펀히 자라고 있는데.

해안 풍경

하늘자락 물고 꿈꾸는
칠산 바다 안개 사이로
드러눕는 금빛 물살

맨살 같은 뻘밭의 밀어
헹구어 철렁대다
알 품은 꽃게처럼
옆살걸음 치는 파도소리

길섶에 해살대는
해당화의 붉은 마음
다독이다 미끄러지는
외로움

구불구불 주름 잡힌 절벽
지긋이 당기며
목책길 산책로에 질펀히 펼쳐지는
그리움.

해당화

머 언 고향 같은 옛 얘기가
샘물처럼 솟아나면
마음 울리던 사연
별빛으로 피낸다

동아줄처럼 명줄 붙든
심장 박동이 쿵쿵거리며
혼미한 정신 흔들어댈 때마다

깊게 들어간 눈자위엔
젊었을 때의 꿈이
맑고 그윽한 눈빛 밝히고

여린 꽃잎 같은 슬픔이
두 방망이로 가슴 두들겨 패던 날

진홍빛으로 우려낸 애틋함만
노을 따라 서성이고 있다.

명옥헌 배롱꽃

청순한 마음 두근대며
초연히 우러르는
붉은 환희

마른 울음 풀풀
몸살 앓듯 보채며 날리는
추억의 날갯짓

고즈넉한 연못의 잔물결 위에
투명한 그림으로 일렁이며
눈부신 노래

물바람에 자맥질하던 꽃이파리
수초마다 목걸이인 양 걸어두는
찬란한 향기.

옥정호

초가을 햇살
지평선 붉게 당겨
머언 산 봉우리에 눕힐 때

청옥빛 불러낸 소슬바람
굽어본 절벽 에돌아 깊고

낮은 안개 잠풋이
솔밭 사이로 내려앉아

목맨 그리움 아슬히
수몰된 옛 길 파고들면

애끓는 심장
수채화 같은 붕어섬에 등을 켜

호수에 띄운
백로들의 숨찬 날갯짓
메밀꽃처럼 흐드러진다.

구절초

눈물로 터 이룬
솔숲바람 끄는 메흙 산기슭
한사코 풀어놓은 마음자락
산내들의 눈부신 은물결

빈둥거린 가을볕에
환하도록 피워낸
할머니의
정겨운 눈빛 같은 사연

가슴 시리도록
머물다 떠난 자리마다
꽃잎 바래져 간
첩첩 허물로 껴안고

긴 세월 이어온 이름 하나
약손 같은 신열 잠재운 넋
그 아린 서릿발 이겨낸 끝자락에
당신이 서 있습니다.

섬진강변

강둑에 봄 향기 내리면
허공 사이
눈부신 행렬 길 트고

바람 끝 감기는
입술마다
목마른 설렘 터널 이루고

발광하듯 벙글어
연지빛
어지럽게 토해내고

불꽃 열정
나비 떼로 풀어놓아
혼절토록 흐느껴 너울댄다.

인연

꽃밭 앉은 봄바람
초록 빗장 열어
꿈틀대는 숨결들

깨알 같은 금빛 웃음
실바람으로 끈을 매어
수줍게 살랑대더니

새 세상 열린 듯
감미로운 향기 담아
함께 가는 발걸음.

은행잎

계절의 허허로움 달래며
나비 떼처럼
날다가 떨어지네

지난날 꿈꾸던
살 부빈 정으로
황금 융단 펼쳐 두고

애끓는
그리움
떠날 수 없어

언 가슴속
담아둔 목울음
발목 잡아 흐느끼네.

동백

술렁이는 비바람에도
돌림병처럼 번져 간
연짓빛 볼들

절절한 향기
쏟아내며
자지러지다 강그러지다

머무름도 한이 된 듯
제 그림자에
흐득이다

핏빛 채슬음 위로
난무하는 눈물
물렁물렁 밟고 간다.

목련

온 몸으로 지핀
하얀 고백

그 낭창한 입맛춤에
갇힌 모둠 숨

아슴아슴 음율 탄
꽃으로 하롱대다

신들린 듯
활활 타는 사랑.

문덕 벚꽃

비밀스레 발설한 연문이
물빛 따라 긴 터널로 늘어져
허공 부릅트게 멍울진 울렁거림
심연 가득 애끓는 화음으로 너울거린다

스물세 살 시집오던 날처럼
달콤히 부풀던 첫정
콩닥거리며 꿈꾸던 신혼방
천생연분으로 맺어져
사태지게 우려낸 꽃물 꽃물

시리게 높아지는 그늘 아래
그림자도 없이 건너뛴
주름 깊은 세월 딛고 선
오늘의 나

셀렘의 추억 켜켜이 쌓아두고
귓불에 스친 한 솔기 바람에도
불태우며 쿨룩대던
한바탕의 낙화여

〉

황망히 져 내릴 빛깔

하늘 끝 외로이 펼쳐 놓고

봄덫에 갇혀 숨막힌 한순간의 고백이여.

이팝꽃

부모님 산소길 따라
열변 토하듯
허공 향해
가득하다

밥순갈에 숨은 가난
항변이나 하듯
포슬포슬
허기 부풀리고 있다

허리춤 졸라맨 속마음도 모른 채
그 시절 함성처럼
목구멍 터진 너울거림이
푸른 빛살 위로 하얀 구름 되어 벙실거린다

어머니는
꽁보리밥에 사무친
계절의 눈물 한줌 없어
오월의 밥상에 뉘처럼 섞어 먹였다.

고사리

마른 억새
울음사이 길 트이고

까투리 산울림 우거져
삭아 내린 속살 아래

뾰조록한 붉은 고집
하품하던 날

동여맨 앞치마 속 가슴앓이로
눈물짜낸 자줏빛 추억

꺾인 운명처럼
피고 지는 아픔 삼킨다.

하늘에 눈꽃 피는 날

누군가에게 등 기대고 싶은 낭만이
한 무더기 들뜬 입김 버스에 태워
겨울 동여맨 들판 지나
먼 허공 분분하게 날아온 황토방

단내 쓴내 버무린 날갯죽지에
질그릇 동여매듯 붙은 파스들
서로가 서로에게 위안 주듯 여린 살 물고 늘어진다

젊음은 세월의 깃털 속으로 사라지고
발효된 기억 촉촉이 물꼬 터 섞이면
고랑진 빈 마음 뜨겁게 메우는 시간

온 몸 맵짜게 끌어당긴 소금찜
젖고 젖은 심신 아리게 닳던 칠십 해
남은 날들 알록달록 보석처럼 달구고 있다.

민속촌

토담집 흙벽에 기댄 채
옹기종기 모여
빈 바람 소리로 눈길 채워낸 지금

시렁에 얹혀 정지된 시간 가두고
한 바가지 그을린 장작 내음새로
부엌 가득 발효된 동동주 맛 익혀
널빤지 마루에 녹두파전 차려놓고
풍년기원 물꼬 터 헹군 자리

부뚜막 곁 여인네 손길은
누에고추 타래실 뽑아 발길 붙들고
다듬은 유년의 눈시울 너머
여운으로 스며든다

서산머리에 선 그와 나처럼
세월의 가닥들이 끈처럼 이어져
조상들의 영혼 그 깊이의 얼을 기리며.

모내기

첫새벽 깨운
치맛귀에 휘파람 불고

모 한 다발씩
써레질한 논배미마다 툭툭 던져지면

모줄 잡은 유년이
논두렁에 서 있다

추억으로 모은 손길
접혔다 폈다 수없이 반복할수록

다랑이마다
초록 눈들이 가득 차오르고

가마솥 하얀 쌀밥과
탑탑한 막걸리가
다가와 자리 잡으면

옹골진 왕매미 울음소리에
후줄근히 젖은 농주정이
아버지의 논두렁을 기어오른다.

5

와운마을

와운(臥雲) 마을

첩첩이 휘감아 돌아간 능선
뱀사골 뒷산자락
하늘과 땅이 초록 숨결로
울부짖는 곳

천년송의 육중한 뼈 마디마다
솔잎들이 용트림하듯
부챗살바람 가르며
땀 식혀 주는 곳

할배 송 할매 송
송화향 얼크러져
총총히 매어단 솔방울꽃이
공작 날개 펴듯 교태 부리는 곳

굽이치는 계곡의
꿈길 흔들던 핏빛 그리움이
오지랖 섶 열어
마을 수호신으로 서 있는 곳.

사랑, 남원에 물들다

한량님네 강주정* 들썩대는 월매집
곱스런 춘향 아씨 나풀대는 꽃댕기
오락가락 그넷줄에 제비처럼 날고

흥 실어 업고 노는 이팔청춘 수를 놓아
옥지환 끼워 주며 맹세하던 백년가약
물결 위 파르라니 살풀어 희살 짓는다

방자 꽁지 춤 까불대는 그 익살에
치뜬 눈매 흘겨대는 향단이 너스레가
자진모리 몸짓으로 휘돌아 감는 동안

신명난 어깨춤이 우쭐대며 덩덕이고
기다리는 낭군 품에 한세월 베고 누워
호시절 요천 위에 별가루 쏟아진다.

*강주정 : 취한 척 거드름 피우는 사람

별을 사랑한 여인

-과학우주관의 이소연 박사 우주복을 보며

태극무늬 가슴 깊이 새겨 넣고
별 따러 간 처녀
흐르는 은하수 먼 길 따라
견우 상봉 떠나갈 때

무한경의 세계로
천둥 같은 횃불 켜고
지구 밖으로
은빛 날개 고이 펼쳐

묵언의 정적을
노래하다가
미래의 맥박 두들기는
눈이 되어 돌아왔네

차마 만질 수도 없는
천사의 날개인 양
산실 속 견우 꿈꾸며
눈부시게 빛나고 있네.

추령 장승제

내장산 나들목 단풍길 허리쯤
막새바람 햇살 엮어
부리 째 둘러쓴 괴괴한 민몸뚱이

앞니 너댓 개 부릅뜬 퉁방울 눈
웃다만 웃음 같고 울다만 울음 같은
껌끄레한 굴대장군

목청 풀어 휘어지는 가위춤 귀 밝혀
나부대며 찍어대는 유랑엿판 바라보며
별밤 뒤척여 궁뚱망뚱 서 있고

외진 비탈 졸가리에 능청거린 똘감은
어깨 없는 머리 위에 무시로 앉아
까작대는 까치 나래짓에 붉어만 가고

성황당 움집 쉬어가는 나그네
메밀묵 탁배기로 동굴 삶 삼켜대며
희끗한 억새머리인 양
부른 배 흔적들 뒤섞어 둥둥 띄운다.

추월산 보리암에서

대발 친 담에 포르르 앉아
경련 일 듯 일렁이는 오월
명상에 잠긴 암자에
햇발 뒤척이는 정오

바람의 등에 업혀 기어오른 돌너덜
넋두리로 걸친 탁배기는
사철가 한 대목에 갈증 풀어
시심에 젖어들고

굽이굽이 둘러앉은 산그림자
방석 삼아 깔고 앉은 호수는
물결 위에 헤엄치며 파닥이는
은빛 파문 잔잔히 펼쳐 놓는다

시간의 마디 울리는 내리막길
쉬엄쉬엄 뒷걸음질 친 땀방울이
하루를 건너는 버스 속으로
찰밥덩이 물고 오른다.

충혼탑

짙푸르러만 가는
토벌전의 피울음들이
촉각 세워 흐르는 곳

소름 돋는 무기들이
녹슬어 휑한 눈길로
나열해 있는 곳

참전의 외침이
육성으로 메아리치며
동족의 살점들이 불꽃으로 산화되어
애절한 가슴 쓸어내는 곳

허리 잘려 쓰라린 반세기를
입질해대며 오갈 들 듯
초점 맞대고 있는 곳

뱀사골 현판에
이름 석 자 새겨두고
뼈아픈 별빛으로
잠들어 있는 곳.

태풍 전야의 곰소항

마른 고독으로 줄지어 묶여 앉은
곰소항 목선
걱정 쓸어 담은 멸치 몇 포
파리떼 날리는 손바닥만 허허롭다

돌돌 말린 어부의 그물망이
등에 붙은 뱃가죽처럼 늘러 붙고
함지박 조개 몇 알이
먼 지평선 먹빛 구름 불러들여
충혈된 눈 음산하다

끼룩대는 허기진 갈매기 떼
너울파도 타는 날쌘 곡예짓
꽁꽁 언 몇 마리 고기
그 내음새 쪼은 발길 머물고
먼 이야기 같은 진통도 이곳에 와 닿는다

걱정 씹어낼 날고기 한 점 없는
맥 풀린 항구의 수조 속
갯비린내 둥둥 뜬 새우젓 한 통
오늘을 헐어내 아린 쓸쓸함을 삭힌다.

토지문학제

남녘 하동 악양골
청사초롱 불 밝혀둔 고즈넉한 저녁
식지 않는 횃불 들쳐 업은 솟을대문
문운이 들썩대는 발자취 더듬어
들꽃향 적셔 가며
활활 태운 별당의 사랑얘기
동정호의 부부 송(松) 춤사위로 불러낸다
달빛 길어 올린 청순한 영혼
데워진 가슴으로 모여든 벗님네들
휘감기는 선율 따라 끼룩대는 기러기 떼
젖은 감흥 두견주 잔에 넘쳐나고
서서방네 대봉시처럼 붉어만 간다
섬진강 서릿바람 별밭 쪼개 물고
모래알 곱씹던 재첩 알갱이가
짐벙지게 흔연히 최참판댁 잔치로 흘러든다.

향일암

여명 뚫고 다도해 불끈 열어
치솟는 범종 소리
파도 위에 구르면

목 쉰 독경은
아스라이
꿈길 달래고

부표처럼 떠 있는 동백숲엔
새들의 재재거리는 노래
짭조롬이 내리깔리고

땀 쥔 어깨 위에
가풀막 굽잇길처럼 휘청이던
외길의 옹색한 변명
석등 연꽃으로 타오른다.

화성행궁

팔달산 매운 바람이
빗장 열어 놓은 궁전

누문에 큰 뜻 세워
봉수당에 향수로
회한 달래는데

어수잔에 서린 한
침묵의 골 속마다
승천 못한 용의 울음 되어
애처롭다.

황우적골

큰비 다녀간 시월의 강천사
아기자기한 속살거림이 촐랑대고
구불대는 목책 계단 층층 걸어올라
가파른 산등성이 꺾어 샛길로 접어들면

이끼낀 암바위마다 바위손 푸르러
붉은 개옻 이파리들 속마음 불태우고
예까지 끌고 온 발목이 후들후들 난간을 붙든다

부채질 하던 허파의 반란도
낙원인 듯 빽빽한 솔향에 취한 채
등 굽은 한나절 성긴 시간 토닥이며

골 건너 병풍산 손닿을 듯
은빛으로 펼친 물보라 곱고
귀 내민 팔각정 출렁거린 호흡 반길 때

구장군 폭포 암수줄기
깊이만큼 물길 채워 침묵으로 차오르면
송어 떼 툭툭 꼬리치며 원심의 시선을 모은다.

용수골

-이호근 님의 집

휘파람 불며 오솔길 걷노라면
한 자락 시어처럼 펼쳐진
문우의 집

대문간 능소화 애살포오시 피어나
따뜻한 정 문지르는
두 팔 반긴 너털웃음

농익은 붉은 고추
텃밭 가득 사랑 들고
읊조리는 시심 풀어 뜨겁게 아삭댄다

새털구름 바람물고 버들에 내려 앉아
앞섶처럼 엎드린 진초록 연방죽에
푸른 지문 스쳐대며 폈다 오므렸다

진홍빛 부신 속살
대궁마다 꽃불 켜고
내밀한 심연 속 꿈이
절정의 몸살 윤기 나게 버무린 하루.

오도재

지리산 제일문 장터목 고개
비지땀 녹여낸 굴곡진
생의 길

옛이야기 들려주듯
산신비 수호신 위 촛불 타오르며
퉁방울 목장승 살눈썹 부릅뜨고

누각 핥는 갈기 세운 바람
떠나야 할 나그네들 속살 헤집고
소낙비 한 소끔 토닥일 때

길도 숲도
돌아돌아
산나리 고웁다.

벽송사

칠선계곡 거친 능선 따라
장대비 몰고 물길로 파고들던 날

가파른 절개지에 남은 너와집 한 채
웅크리고 앉아 있다

부들부들 절규 동여맨
이끼로 덮인 바위틈아래

목숨줄이 낭자히 사그러진 석굴마다
시대의 갈증 남기고

얼굴 없는 목장승이
증인처럼 서 있고

두더지처럼 누볐을 수많은 영가 달래는 목탁 소리만
석공이 새긴 연꽃 속에 촛불 밝혀 타오르고 있다.

새만금 방조제

흐르는 물길 목 졸라 묶어 놓고
매연 자동차 체증의 물결

조형물 난간에 기댄 군상들
해넘이 광장에 왁자지껄 풀어 놓았다

찢어질 듯 진저리쳐진
소음 속에서
진동 없는 잰걸음으로
갈 곳 잃은 마지막 갯펄

지친 바다는 늪처럼
물오름 소리에도 귀 막아
철썩이지 못한 채
달싹거릴 힘마저 잃었다

가망가망 생선 비린내
숨결처럼 토해내던 포구는
만선의 고깃배들 입맞춤 그리워
휑하니 빈 배만 부등켜 안고

〉

소용돌이쳐 솟구치는
수문의 썰물 따라
굉음을 지르며 달아나고 싶다.

선운산 안개

사물거리며 휘감기는 아침
밤새 내린 단비로
쿨럭거리던 목마름이 풀리고

콩떡잎 기지개 켜는 호미 소리
떼지어 재잘대는 새들의 속삭임
두들기듯 촬촬 흐르는 계곡물 소리가
풍경 주워 담는 눈빛과
그 울타리 속을 헤집고 오르는
마음까지 매만지고 있다

등 굽어 이끼 낀 느티나무는
하늘 가득 푸르름으로 높아만 가고
뿌우연 훈김 속 나의 길은
된숨 소리로 낮아만 지는데
아우성쳐 바라보아도 부끄러이
산자락 음지로 꼬리 감추고 있다.

섬진강 단상

부챗살 바람이 강의 얼굴 쥐었다 폈다
잘그랑거리며 훔치고
물비린내가 스멀스멀
콧잔등에 머물러 발싸심으로 들썩이면
향에 취해 호흡 느린 기차에 올라
만삭의 철쭉길 따라
포근히 밤꽃터널 지난다

가정역으로 우르르 내딛는 발자국들
떼지어 봄날을 돌리는 자전거들
선로 말아 올려 여름 부르는 레일바이크
고무보트에 들러붙은 참게 떼 같은 레프팅
들판 가득 달콤히 스미는 젖내음
강태공 낚싯줄에 빼금대는 은어들의 파닥임
하동 포구로 흐르고 흐른다

모이고 흩어지는 숨결들 사이로
묵묵히 내려앉은 산자락 떠밀고 온 시간들
물길 따라 출렁이고
길게 누운 세월 지느러미도 없이 헤엄쳐 간다.

성봉 산행

보랏빛 칡넝쿨 호젓이 향기 오른 골짜기
물때 낀 젊음이 열두 폭포로 쏟아지다가
사지 뒤틀어 무자치골 너덜겅에
들꽃으로 피어난다

물꼬 터 흐르는 인연 속에
늦매미 고시랑거리며 허공 헤집고
푸석푸석한 이파리들 출렁거린다

달그랑거리며 메고 온 도시락들이
허기 묶인 목구멍에 깨소금처럼 달라붙고
정 풀어 버무린 술잔은 꿀맛으로 넘어간다

바람의 살 주워 담던 웃음이
꼬리 물고 일어서는 오지랖 따라
촘촘히 물든 하루 이고 따라간다.

남이섬

휘감아 도는 반달 땅자락
뻗어 오른 숲의 가슴속 파고들어
살여울에 제 그림자 물결져 번지면
묵은 짐 내려놓듯 떠나는 청평호 유람선
산새 들새 나래짓 부른 속삭임
손자 손 이끌어 동화나라 기차 타고
사슴 노루 토끼가 인사하는 곳
구름처럼 걷는 너와 나
연가의 합창 메아리로 떠올라
화려한 꽃 잔치 봇물 열리면
통한의 울음 스물여섯 해가
짚와이어로 질주하며 날아간다.

마라도

돗자리인 양
바다 위에 박혀 울렁이는
갈대숲

파도 속 깊이 내린
호랑이 발톱 같은
용암의 뿌리

칼바람에도
눈 치켜뜨고 귀 세운
검바위

속앓이 앓다
거품 문
동굴

뱃고동 소리에
껌벅이는 고독 하얗게 펴내는
등대

모두 다

일출과 일몰에 젖어
헤엄치며
사랑으로 눈 멀어간다.

담소정의 하루

청초한 밀어 조곤 대며
야들거리는 분홍눈 빛
살짝이 내비치는 날

고운 임 정자에 품어
녹아내린 속정
여름 헐어 부빌 때

치솟는 은빛 분수에
허름박질 한 청개구리
연잎 앉아 슴벅이고

달콤한 시름 주물럭대는
층층나무 엎드린 합성
귀청 터지게 여운 남기면

둠벙대다 떠돌던 구름
풋내 흐르는 방죽의 진동
주름잡아 어루며 쉬어든다.

대천해수욕장

갈매기처럼 무리 지어 꺼억대며
수많은 그리움 깔아 놓는 날

결 고운 사연들이
머릿결처럼 연흔으로 펼쳐지고
꾹꾹 누른 발자국이 도장밥으로 찍혀 오른다

울음 쪼는 숨비소리가
파도 되었다가 눈물 되었다가
갉아대는 갯바위에

여린 따개비들 굼질굼질 눌러 붙어
소금기 절은 햇발에 타들어 갈 즈음

담금질하던 물비린내
침묵으로 파닥이다
석쇠 곁에 앉아 질겅질겅
전생을 삼켜댄다.

덕유산 운무

안개비가 설천봉 뒤넘어
자우룩이 곤도라에 걸터앉으면

산허리 속살 허여토록 덮어 씌워
목말라 타들던 헛헛한 입술처럼
비릿한 젖 빨듯 사운거리며
설설히 목 축이다가

귓문 흔들어 풀벌레 소리 높이더니
계절의 허공 물고
머언 빛으로 소르르 꼬리 감춘다.

덕진 공원

정수리 시리게 퍼붓는 땡볕 아래
수런거린 발싸심이 연지문턱 닳으며
갈매빛 잘팍하게 숨 자아올린다

치근대는 물레살 돌돌 말아 올린 쪽배
물비늘 입질로 첨벙대다 자맥질한 추억들
청포결 헤집어 흙비린내 인다

읊조린 발림새로 일어서는 취향정
남은 발자취마다 호흡 불어넣고
그 흔적 동여매 버들 따라 걷는다.

독도

가슴 열고 치솟은
고독한
겨레의 심지

뜨거운 피 흐르는
끈끈 한
돌뿌리의 징소리

살점 찢겨
문드러지게 울고 있는
분노의 서릿발

칼날 바람 위에
족적 남긴
의기의 횃불.

동적골

벅차게 문지르는 가슴에
뭉스레 솟아오른 연둣빛 설렘이여
또르랑거린 실개천 따라 무너질 듯 엉키고
벙천으로 불붙는 자드락길이여

이 골 저 골 포갠 사랑으로 꿜꿜이며
덤불 속을 휘젓는 꿩이여
바람 일렁여 한 올 넝쿨 물고
멈출 줄 몰라 허둥대는 더덕 향기여

소롯이 코끝에 진동으로 스미어
밀어 속 터벅거린 나그네 발걸음소리여
사물거리며 감아 오른 한나절이
봄의 침상에 흥건히 몸 푼 자리여

연문(衍文)의 굴레 출렁이며
햇살 동여매 흐벅지게 녹이고 있는
숲의 음향이여.

마이산

돗총이*처럼 하늘 아래 두 귀 쫑긋
달리고 싶은 목탁 소리
말굽인 양 산사를 깨우고

귓불에 걸린 맥박 살풋 숨쉬는 듯
무수한 돌탑
달팽이관처럼 일어서 있는 곳

숭숭 뚫린 고막속 같은 동굴마다
산울림 모아 재재거린 순백한 청실배꽃
임 그린 천 년 세월 목 축이는 곳

연둣빛 봉우리들 맞장구 두들기듯
알록달록 화답하고
난장 튼 각설이 드살질*처럼 설레는 곳

암마이 숫마이 감실대는 굽잇길
인연 한아름 간직한 자리
들뜬 하루 푸르게 푸르게 끌어당기는 곳.

*돗총이 : 검푸른 빛의 말
*드살질 ; 사람 휘어잡아 다루는 일

융릉

옛 정취 에워싼
안녕동 산자락

장명등 태운 심지
곤신지에 얼비쳐
사군자로 흔들리고

병풍석 덮개 위에
애틋하게 새겨 넣은 연꽃 피어날 듯
석마는 꿈꾸듯 서 있고

형틀 같은 뒤주 속
울음 달랜 비문마다
효의 불길 안타까이 타올라
통한의 용포자락에 굽이굽이 펼치는데

외로운 홍살문만
참배객이 임인 양
일어나는 바람결에 앙가슴으로 맞이하네.

*융릉 : 사도세자의 능
*건릉 : 정조대왕의 능(경기도 안녕동 산 두 능선에 나란히 있음.)

억불산 우드랜드

정남진 갯바람 설레듯
찾아드는 편백숲 속

꿈의 밀어들 번지는
통나무집

총총히 풍경 뿌려대는
골짜기 계단

볼 부벼 내리꽂는
알싸한 향

달콤함에 걸터앉아
덜미 잡는 뭇새들 구애 소리에

여름 사르는 심신
바람자락에 내려놓고

자박자박 걷는
갈증의 순간마다

〉

등짝에 맺힌 송골송골 땀방울
살빛 더듬어 사라지고

푸른 울림은
맥박 치듯 숨결 고른다.

구룡폭포

지리산 골
발부리 씻긴 송곳 울음
한순간 벼랑 끝 휘어감고

저 깊고 둥근 아홉 소(沼)에
소용돌이치는
무아경의 고독

거품 물고
꿈틀대는 은비늘 타고
바위벽을 감아 오른다

바람소리 깊어갈수록
오색 엽서들의 흐느낌
하르르 애처롭고

느리게 건너는 흔들다리 사이로
산산이 부서져
한기 서린 기침소리

서서히 꼬리 틀며
너울에 부대껴
흐른다.

수문포 해수탕

희뿌연 탕 속에 녹아내린
시름의 찌꺼기들이
왁자지껄 불려지고 있다

창 너머 철벅거리던 바다가
둠벙대던 구름 안고 온탕에 들다가
휜 눈 덮고 바람귀 열어둔 섬의
냉탕에 들자

속 빈 다독임은
허브탕에서 춤추더니
리듬 타며 흔들어대는 안마탕에서
세월의 흐느낌을 풀어 내리고

고요함이 녹아든 한증막에서는
묵은 푸념이
뽀얀 하루를 헹구고 있다.

구천동의 가을

멋쟁이로 버티고 앉은 산
계절감아 돌리는 곤도라가
콧노래 덜컹이며 오르는 설천봉

어제 내린 닭달비로
소란 피워댄 붉은 잎새들
흠출하게 젖어
햇솜 같은 이불 덮고

풀어 놓은 칼바람
숨 찬 봉우리마다
언 꿈으로 달래 듯
반짝이는 은빛 날개

푸른 속살의 젊은 나무
고깔모자 기생처럼 둘러쓰고
파르르 입술 떨어대며
순백의 사랑 녹여내고

적막 깨운 까마귀
마른 귀청 뚫는 그리움

혓바늘 일어 목쉬게 채워내고

천 년 빈 가슴
사색의 풍악 타며
흰 뼈 남은 한량들은
하늘과 땅의 지팡이로 침묵에 든다.

전주 한옥 마을

아름드리 소나무는
송곳 설움 깊숙이 감춘 채
수문장으로 오늘을 지키는 듯

향곳길 행랑 창틀 매인 바람
묵향 실은 땀방울로
도포자락 안고 도는 듯

살아 숨 쉰 부채 살에
꽃 피운 화공의 혼
품어 오른 곡차향
머무는 듯

옛 황토방
안방마님 치맛자락
스란스란 스치는 듯

풀 멕인
이불 홋청
토당토당
다듬는 듯

〉

실개천
쌈지공원 둘레길
얼 깃든 천 년 세월
거니는 듯.

세인봉

먼 풍경 주워 담아
어깨 맞댄 추억의 웃음들로 깃발 세운
봉우리 끌어 당겨 보는 날

등골마다 헐거운 비지땀 무늬로 넣고
알싸한 향기 깨워
얼러댄 넋두리 메아리로 되돌고

소란들이 날다람쥐 날 듯
벼랑 끝 먼저 올라
욱신욱신 산새처럼 재재거리고

푸른 솔의 발뿌리
비바람에 씻겨
칡넝쿨 힘줄처럼 석비리 뚫고

곱게 물든 한 허리 껴안은 자리
붉은 눈빛 하나 팔굽에 생금 긋고
뾰족한 돌부리로 나이테 두른다.

나그네

넋두리
꾹꾹 누른 독백으로
채워질 때마다

천릿길 들쑤신 향수는
달빛 돌돌 말아
숨이 차다

눈 멀도록 비워 가다
오랜만에 마주한
마음들

질척이며 녹여내
허기로 달랜 애틋함
이리 서성이건만

입김 뎁힌 밤 자락 뒤뚱거리며
부지런함도 병인 양
언 발 비벼 길 떠난다.

고희(古稀)를 맞이한 올케에게

귀밑머리 하얀 구름
들썩이던 된바람이
맥박처럼 뛰는 둥지
보듬고 있습니다
호미자루에 기댄 웃음들
첫 새벽부터 뒤척이며 다독여
영롱한 열매들로
치렁치렁 영글어 갔습니다

때론 땡볕자락에 업혀
쏟아낸 땀방울들
몸빼바지에 흘러
이랑마다 적셔댔습니다

임은 시집 오고 나는 시집 갔던
친구 같은 한바탕 너털웃음을
빛바랜 갈피마다 추억으로 끼워 넣던
시절도 있었습니다

이젠 등 휘고
손 매듭은 굵어지고 이마에 주름 고랑졌는데

삐그덕삐그덕 부딪는 뼈마디 소리가
강물처럼 적셔댑니다

말코지에 걸린 헌옷처럼
윤기 없는 바쁜 나날이 등 떠민 겨울날에도
당신은 모두가 쉬어가는
크나큰 느티나무였습니다.

교학상장(教學相長)

-김이현 스승님께 바치는 시

석양의 출렁이는 햇살들
주는 것만으로도 벅찬 삶의 기원
노을에 물든 마음 얼싸안고
촉촉이 정 부벼 향기로 채우셨습니다

욕심 없이 살아가는 뒤안길
지혜로 살찌운 열강의 진동은
소망 지펴 해박한 지식으로
태워 오른 불씨의 등이 되셨습니다

백세시대 소용돌이 언덕 좇아
흔들리는 꽃주름마다 생기 넣고
영어 한문 명리로
내면의 풍요 광장에 풀어 놓으셨습니다

세월 당겨 딛는 발자국마다
담금질로 비탈 오르며
기대고 싶은 우리들의 에움길
임은 귓문 열어 다독이는 순수 사랑이셨습니다.

은사님 회갑일

-박덕은 지도교수님의 회갑연에 부쳐

여름 찰랑대는 단비의 숨소리가
섬돌 아래 톰방거려 귓문 두드리고
진종일 솥뚜껑 여닫으며 상 위에 쟁쟁이네

입맛 주무르는 성찬이
한 무리씩 소담스레 앉아 있고
무지갯빛 떡시루엔
예순의 불꽃이 시심으로 타오르네

축포에 취해 비틀거리는 오르간은
어깨춤 덩실거리다가
빗방울도 막걸리도 미역국도
눈에서 눈으로 여울 흐르듯
마음 그릇마다 뭉긋이 사랑 적시우네

가슴 부빈 촉촉한 정 깨꽃처럼 피어나고
시의 무늬와 향기로 보듬는 별장의 밤
뭉쳐 놀던 장대비도 기웃기웃
모두를 버무려 새록새록 추억으로 새기네.

이별가

-신순호 님의 이별을 추모하며

일흔다섯 해 피웠던 꽃잎 홀로 져
국화 방석에 하얀 그리움으로 서럽게 내릴 때
눈물인 양 촛농만 하염없이 흐릅니다
살아왔던 길이 이슬로 녹아 어리는 지금
호탕한 그 기백 다시는 담지 못할 아쉬움에
가슴팍 쥐어짜는 슬픔만 몰려옵니다
푸른 빛살 옷깃 세우던 시절도
웃음 버무려 꿈꾸던 낭만도
고이 접고 떠나는 임이여
가는 봄 오는 봄 발맞춰 걸었던 자국들
되새김질로 무디게 태워내던 긴 여정이
별이 되어 와 박힙니다
부디 평안히 가시어요
하늘 잔등 양지녘에 흰 깃발 세우고
남은 여행 끝나는 날 꼭 마중 나오세요
그때 이승 저승 살았던 추억 곱게 나누시게요.

백림의원 고선호 원장

마음의 빛깔 청진기에 걸고
끌고온 신열의 눈물
가슴으로 보듬어
어루만진 호흡마다 푸른 새살이 돋습니다

섬김의 촉수마다 불씨 지펴
열정과 향기 녹아 흐르는
메아리
아낌없이 쏟아 냅니다

애잔함 문지방 넘나들 때마다
온기로
뼈마디에 감춘 설움 토닥여주고

들판 같은 숲으로
여기 가까이 다독인 사랑
행복의 날갯짓 활활 펼쳐
촘촘히 들락거리는 비둘기들 품어줍니다.

김연아

감미로운 리듬에 맞춰
바람을 끌어 모아 허공을 묶는다

부드러운 촉감으로 사뿐거리며
은반 위에 애간장 풀어 놓다가

장미향보다 더 진한 몸부림으로
비벼 꼬아 수를 놓는다

때로는
달브드레한 애교로 출렁거리다가

질주하는 폭포처럼
푸른 환희의 불꽃을 쏟아 붓는다.

6

깃발

밤손님

보성강 지류에 있는 오동마을은 너나없이 일찍 저녁밥을 먹고 불을 껐다.

마을 전체가 어둠에 쌓이고 다만 폭포만이 그 무서움을 이겨 내며 거품을 물고 내려 쏟는데, 밤마다 콩 튀듯한 불꽃 포성이 도깨비불처럼 날아다녔다.

할머니는 새벽마다 "성주님 조왕님 온 가족 무사케 지켜 주시씨요 잉." 하면서 두 손 모아 빌었다.

칠월 초 칠흑 같이 어두운 밤, 좌·우익 간의 접전으로 별똥처럼 총알이 먼 산 쪽에서 쏟아졌다. 간담이 서늘하고 덜덜 떨려 말을 하지 못하고 눈으로 의사소통을 할 때였다.

어머니는 칠형제 중 다섯 번째 막내딸을 출산 중이었다. 방의 불빛을 가리고 연기가 나지 않는 싸리나무로 불을 지펴 아기 목욕을 시키고 미역국을 끓여 산모를 먹였다. 할머니는 땀으로 범벅이 된 이마를 훔치며 "아이고 저녁에는 다행허게 밤손이 다른 동네로 갔는 갑다." 하시며 안도의 한숨을 쉬었다.

마을 왼편 다섯 마을이 내다보이는 산꼭대기에서 매일 밤낮으로 보초를 서는 순경아저씨가 있었다. 식사할 곳은 우리집 뿐이었다. 할머니는 고생하는 그분들께 따뜻한 음식을 전쟁 중에 매일 대접했다. 산봉우리 고지에 땅을 파고 호를 만들어 짚을 깔았다. 위쪽은 평평하게 흙으로 덮고 안에서만 볼 수 있는 창을 만들어 적군을 총으로 사격했다.

비가 올 것 같은 후덥지근 한 여름밤 모기장도 못 붙이고 방에는 대(竹)로 엮은 평상 두 개를 맞대어 놓고 불 땐 바닥에는 보리쌀을 찧어 말리는 중이었다. 평상에는 할머니와 나, 종조할머니와 함께 자고 사랑방에는 하죽아재와 마실 나온 마을 분들과 농사에 쓸 꼴망태 등을 만들고 있었다.

갑자기 대문을 걷어차는 소리와 함께 반란군들이 들어와 할머니 가슴에 총을 겨누고 쌀독으로 가자는 것이다. 할머니와 종조할머니는 비녀를 뽑고 끙끙 앓으며 “염병이 와 열이 나 죽겄소.”라고 했다. 그러자 “염병은 무슨 염병이여. 시간 없씅께 빨리 쌀이나 놔.” 하고는 할머니를 끌고 뒷방으로 갔다. 쌀, 보리쌀, 된장, 고추장을 다 퍼가고 옷 해 입을 베까지 가져갔다. 그리고 재봉틀도 다 뜯어가 버렸다. 고지에서 총을 탕탕탕! 연발로 쏘자 마포바지 방귀 빠지듯이 순식간에 도망을 갔다. 울도 담도 없는 가난한 노인 집에서 변 항아리가 눈에 띄자 된장항아리인줄 알고 고갯마루까지 가지고 갔다. 구린내 때문인지 내려놓고 가는 바람에 노인들이 다시 가져다 분뇨 단지로 썼다.

더위와 밤손들과 싸워가며 지은 농사는 어디에 감춰야 굶지 않고 살 것인지 걱정이 앞섰다. 그러나 마을 첩자들 때문에 방아 찧는 날이면 쳐들어와 가마니 째 가져갔다. 어느 섣달 그믐께는 일꾼들에게 줄 새경까지 몽땅 가져갔다. 이장의 보고를 들은 지서에서는 ‘우리 순경들도 먹어야 싸우지 않겠냐’는 바람에 늘 식량을 대 주었다.

새로 부임해 온 지서장은 낮이면 우리집에 와서 순찰을 돌고 갔고 어려운 시절에 잠도 못자고 곶감을 깎아 매달아 놨다. 반란군들이 오면 곶감을 가져가 식량으로 쓸테니 지서로 옮기라고 하였다. 물렁한 곶감을 마른 뒤에 옮기면 좋겠다고 애원해도 막무가내 였다. 하는 수 없이 뭉글어진 곶감처럼 가족들 가슴도 피멍이 들었다.

마을을 바꿔가며 들락거리는 반란군이 용사리에 숨어들던 밤, 미리 낌새를 눈치 챈 경찰이 불을 뿜었다. 그밤 반란군 한 명이 총상을 입고 죽었다. 아침 일찍 학교길에 가마니에 덮인 시체를 보았다. 퉁퉁 부은 얼굴은 하얀 서리에 얼어붙고 흥건히 피가 괴어 있었다. 그 후론 반란군도 뜸해졌다.

아버지는 피신을 하며 살다가 집안이 궁금하고 농사를 어떻게 지었는지 알고 싶어 밭으로 슬그머니 와서 소식을 알고 가려는데 호시탐탐 밀고자들 때문에 들키고 말았다. 밀고자가 반란군에게 먹을 것을 대줬다는 죄를 뒤집어씌워 지서에 고발한 것이다. 아버지는 영문도 모른 채 끌려가다가 면 소재지에 사는 친구를 만났다.

"자네, 어쩐 일로 묶여 가는가?"

"죄목도 알 수 없네. 쌀 달라면 쌀 주고 먹여 달라면 먹여준 죄뿐일세."

"순경 양반, 이 분은 좋은 일을 많이 헌 사람이요. 선처를 바라요."

아버지 친구가 순경에게 선처를 바라자 "나도 사람 죽이기 정말 싫소. 어서 산속으로 도망가시오." 하면서 허공에다 총을 몇 방 쏘고 가버렸다. 그러자 집에 있는 가족들은 총소리에 기절을 하였다. 아버지가 총살당한 줄 알았기 때문이다. 우리 가족은 그 후에 아버지가 살았다는 소식을 인편을 통해 전해받고 안심을 했다.

인천 상륙작전이 시작되자 이북으로 못 넘어 간 인민군들이 지리산으로 들어가면서 마을을 덮쳐 닭은 삶아 먹고 소는 끌고 갔다.

하필 뒷집 아짐네 소를 끌고 가 집안이 발칵 뒤집어 졌다. 참기름에 불을 켜고 빌고 또 빌고 야단법석 중이었다. 그런데 해가 뉘엿뉘엿 거릴 때 암소는 코뚜레도 없이 땀에 후줄근히 쩔어 절뚝거리며 집으로 돌아왔다. 마을 사람들까지 기뻐서 어쩔 줄을 몰랐다.

그리고 뒤이어 국군이 반란군 토벌에 들어갔다. 우리집은 국군의 아지트가 되었다. 첫 새벽에 한 가마씩 넘게 밥을 해서 소금물을 손바닥에 묻혀 주먹밥을 바구니 가득 해놓으면 군인들은 주먹밥을 항고에다 넣고 지리산으로 향했다. 집집마다 분담해 있는 동안 참으로 따뜻한 우리 국군의 등에 업히기도 했다.

지리산 뱀사골엔 충혼탑이 있고 거기엔 나라를 위해 전사한 영령들의 이름이 새겨져 있다. 빨치산들이 떨었다는 장군들의 비석과 그들의 루트가 알기 쉽게 그려져 있다. 그들이 입은 옷과 신발, 먹었던 미숫가루까지 있다. 그리고 총칼과 사용했던 포탄을 보면서 그때를 잊을 수가 없다.

몇 십 년이 흐른 지금도 서로 무서운 무기를 겨누고 있는 현실이 안타깝기만 하다.

참기름 도둑

6·25 한국전쟁을 겪은 후 친구 봉순네 부모님은 목숨 붙어 살아남는 것이 다행이라고 했다. 그가 열두 살 묵던 해 봄, 고향 큰집 아랫채로 이사를 왔는데, 이삿짐이라고는 대고리짝과 무쇠 솥단지와 개떡 같은 이불 보따리가 시렁에 얹혀 그것이 살림살이 전부였다고 한다.

봉순네 큰집 안채는 정제와 큰방, 가운데로는 대청마루, 사랑방이 있었고, 밤이면 동네 어른들이 사랑방에서 여러 가지 살림살이를 만들었다.

봉순네 아버지도 빗자루랑, 산태미랑, 꼴망태 등을 기찬 솜씨로 만들어 선반 위에 줄줄이 올려놓으니 우리가 놀면서 보면 좋았다.

봉순 아버지는 남의 집 쟁기질도 하고 나무도 해다 팔고 그 엄니는 밭매기와 씨앗심기 등 밭일을 해서 받은 품삯으로 겨우 식구들을 먹여 살렸는데, 큰집 일도 궁둥이 붙일 새 없이 돌봐 드렸다. 친구 동생들은 초등학교를 다녔고 봉순네 할머니는 학교에서 돌아온 나랑 친구랑 한티 찐 고구마를 살맹이 주시곤 했다.

허지만 문간채의 허수룩헌 봉순네 방은 천장에서 밤마다 쥐들이 운동회가 열린 것처럼 찍찍거리다가 우두두두 달려 다녔다. 그리고 씨름선수들이 한판 걸고 넘어지듯이 우루렁 펏석 하고 소리가 날 때면 봉순네 엄니는 빗자루를 거꾸로 집어 들고 천장을 '퉁퉁퉁' 두들겨 패댔다. "이것들아 잠 좀 자자"라며 사정을 해보았는데, 잠은 도망가불고 봉순네 아버지는 입맛만 쩍쩍 다시면서 "호랭이 물어간다. 저놈의 것들"하시며 잠을 통 못 잤다고 한다.

봉순네 큰엄니 밭 매는 날이었다. 일꾼들을 많이 얻어 풀을 매기 시작하는데, 마을 사람들이 봉순네 엄니 눈치를 살살 보며 쑥덕거렸다. 친구가 학교 갔다 돌아오니 봉순네 엄니가 눈이 빨갛게 부어 있었다.

친구가 "엄니 왜 울었는가." 하고 묻자

"내 맴을 누가 알겄냐. 큰 엄니 집 참기름이 자꼬 없어진다고 혔쌍께. 낸들 그 속을 알 수도 없고 네 큰집에 사는 사람은 나 뿐인디, 도둑 누명을 쓰고 어떻게 살끄나 말이다." 하시며

봉순네 엄니는 이사 온 이후로 속이 상해서 신세 한탄을 딸 한테 했다. 소문은 온 동네에 퍼지고 마을 사람들은 봉순 엄마를 보고 큰집 참기름 딸아다 먹은 도둑이라고 눈짓을 해쌌고, 봉순 엄니는 속창시라도 내보이고 싶은 맘에 가난이 웬수라고 가슴만 퉁퉁 쳐대곤 했다, 봉순네 할머니는 작은 아들네 식구를 도와줄 여력도 없고 짠해서 속상해 하셨다.

"망할 놈의 난리 때문에 네들까지 고생이구나! 얼릉 집을 사서 나가 살아야 헐 텐디"라며 봉순 엄니를 다독거려 주셨다.

참기름 사건 후부터 봉순 큰 엄니는 시어머니가 동서 편만 든다며 오히려 못 마땅해 하는 눈치를 자꾸 보였다. 봉순네 엄니는 홧병이 나서 밥도 통 못 묵고 드러누웠다가, 어떻게든 그 도둑을 꼭 잡고 말아야겠다고 얼마나 별렀는지 모른다.

봉순네 큰집 식구들이 모두 들일을 나가고, 봉순 엄니만 아랫채에 누워 냉 가슴앓이를 하던 날, 대청마루를 흘깃 쳐다보고 있었는데 대청 쌀뒤주 위에다 얹어놓은 참기름병을 처음으로 처다 보니 입이 나팔처럼 너부죽하고 몸통은 둥그런 모양에 모란꽃이 그려진 예

쁜 병이었다. 조금씩 참기름을 딸아서 나물무칠 때 쪼물락거려 먹곤 했던 서 같다. 의심받은 고놈의 참기름 병을 원망의 눈초리로 쳐다 보면서 어떻게 도둑을 잡을까 궁리 하던 중에 봉순네 엄니가 무릎을 팍팍 쳤다. "인자 도둑을 잡았구만."

봉순네 큰엄니가 들에서 오자마자 풋것들을 씻어 대청마루 있는 참기름을 딸아 부르면서 "왜 병마개가 또 열려 있당가" 부화가 치민 목소리로 봉순네 엄니를 째려보며 눈에 가시처럼 흘겼다. 봉순네 엄니는 큰집으로 이사 오고부터 괜히 기가 죽어 살았는데, 그날따라 왠일인지 떳떳한 봉순네 엄니는 그의 큰 엄니 눈치를 보지 않았다.

"성님. 거시기 헐 말이 있씅께 나좀 봅시다 잉."

"자네가 웬일로? 참기름 묵고 오리발 내밀라고 그라제, 아까도 병 먹에를 떨러놓고 냄새만 진동 허등구먼."

"아이고오, 내가 참기름 도둑을 잡았씅께, 내일 보여 드릴라고 그러요."

"뭐여! 도둑을 잡아, 그라믄 지금 보여주소."

"호랭이 물어갈 도둑놈이 시방은 없씅께, 안그러요. 낼 요맘때 우리 방으로 오시씨요.잉"

"요상헌 도둑도 봤네. 헐말 없씅께 별 핑계 다대누만."

그 밤 참기름을 먹었던 쥐들이 천장에서 걸판지게 놀기 시작 했는데, 봉순네 엄니는 "내일 내 누명 벗겨줄 놈들잉께" 하면서 처음으로 발을 쭈욱 뻗고 잤다. 이튼날 봉순네 큰 엄니도 일을 허는 둥 마는 둥 떨떠름 헌 표정으로 아래채 봉순네 방으로 쫓아 왔다.

"어이 도둑 어디 있능가? 참기름 묵고 헐 말 없씅께, 시방 나를 오라 가라 허는 개비여?"

"성님, 그런 소리 좀 쬐깐허니 허시씨요 잉."

"옘병헐 참기름 도둑이 귀신이나 되등게비네. 말을 다 알아듣게."

통명스럽게 빈정대는 큰엄니를 방으로 끌다시피 들어가서 방문을 빼꼼이 열어놓고 참기름 병 위에다 눈구멍이 뚫어져라 동서간에 쳐다 봤다.

한참 후에 아니나 다를까! 그 살찐 한 쌍의 쥐들이 포동포동헌 몸땡이로 요리조리 살피더니 폴짝 뛰어 뒤주 위로 올라가서, 두 발로 입을 살살 비벼 대고는, 낼름 나팔 같은 병 꼭지 위에 올라앉아서 마개를 뽑고, 코로 '습습습' 냄새를 맡는 것이다. 그러다가 꼬리를 병속에 넣어 요리조리 흔들어 뒷다리를 쭉 펴고 서서 꼬랑지를 가랑이 사이로 뽑아 올려 입으로 쭈욱 훑어 빨아 먹는 것이다. 옛시절 소나무 송키 훑어 먹는 것처럼 했던가 보다. 한 놈이 먹고 내려오면 또 한 놈이 올라가서 먹고 솔찮히 볼만 했다. 봉순 엄니는…….

"성님. 봤지라우! 성님 집이서 신세를 지고 살지만 맴이야 어찌 은혜를 모르것소 잉! 내 몸둥이가 부서져라 일을 안헙디여."

"금매 저것들이 먼 일이당가, 맬겁시 죄 없는 자네만 의심 했네. 죽일 놈의 쥐가 참기름 묵은 줄을 생각이나 했것능가! 저렇케 처묵은 꼴은 내 생전 처음이시."

봉순네 엄니와 큰 엄니는 대청으로 올라가 쥐가 꼬리 넣어 빨아 묵은 참기름 병을 꺼꾸로 쏟아 부었다. 참기름은 쥐가 다 핥아 먹고 병 속에다가 똥을 잔뜩 싸놓은 것이 퉁퉁 불어터져 꽉 차 있는 것이다.

"인제까지 쥐허고 참기름을 같이 묵었으니 목구멍이 토할것 같네그려. 정말로 사과 험세. 동서."

"성님이 내 맘 알아주니 죽어도 한이 없소. 웬수 가난이 나를 못살게 했소. 성님 오늘은 실컷 울어 볼라요."

아무리 흔들어도 빠지질 않는 쥐똥은 막대기와 철사를 넣고 물을 부어 불렸다 돌려 빼냈다. 쑥밥에 송키 먹고 살던 그 시절 쥐 때문에 고생한 봉순네 엄니가 생각할수록 짠하게 느껴졌다.

귀동이

해거름 적막을 깨우는 전화 한 통이 왔다. "나 지금 갈게. 저녁 먹지 말고 기다려." 초등학교 동창이다.

광주에 살고 있는 친구 너댓을 불러놓고 소박한 자리를 마련하였다. 멀리 창원에 사는 친구가 불원천리 달려왔다. 항상 그랬듯이 유년시절의 정들이 쌓여 "야! 자!" 하면서 코흘리개적 추억을 되새기며 즐겁게 얘기들을 했다. "자네덜 얼굴 좀 자주 보자 잉." "얼굴 못 봐 상사병이라도 났냐! 많이 봐라. 아니면 사진 찍어 품고 다녀라." 면서 격의 없이 회포를 풀었다.

그는 만날 때마다 용을 쓰며 술값, 밥값을 내고 갔다. 외로움에 목마름을 안고 떠나는 뒷모습이 너무나 측은하다. 부모 형제도 없이 외톨이로 칠십이 되어가도록 살아온 그였다.

그날 밤도 그랜져 개인택시를 새차로 빼서 선보이고, 고향인 보성 강변 쪽으로 공기 가르며 떠났다. 어릴 때 추억이 깃든 상수리나무가 오두막집을 지키고 주암댐으로 줄어든 물줄기변은 개밥나무가 주인이 되었다.

6.25 때 전사한 아버지의 위령탑이 있는 태안사 주변이 기억의 문고리다. 경찰공무원이던 아버지가 빨치산 토벌 작전 중 총탄에 맞아 돌아가시고, 그 유월 큰물 질 때 나룻배를 타고 떠나는 엄마를 붙잡으러 강물로 뛰어들었다. 다섯 살 박이가 떠내려가자 뱃사공이 건져내 엄마 품에 안겼으나, 그의 엄마는 채 슬픔이 가시기도 전에

잠자는 어린 것들을 버리고 야속하게 떠났다. 그 상처가 옹이로 박혀 있는 곳이 고향이다.

귀동이가 오금 저리게 치를 떠는 이유는 그놈의 동족상잔이다. 부모 잃고 생사의 갈림길에서 수 백 번 죽음의 문턱을 넘나들었기 때문이다. 모진 바람이 뼛속까지 찢어 내리는 유월의 그날을 지금도 생생히 온 몸으로 젖고 있다.

못 당할 일을 연속으로 겪은 할머니와 할아버지는 하얀 입술을 바들바들 떨었다. 원망의 통곡이 눈동자에 붉게 물들였다. 하지만 에미없는 애처로운 손자들 때문에 저승길도 못가고 뭉그러진 세월을 보냈다.

난리통이라 변변히 먹일 게 없어 맘죽만 먹인 어린 동생마저 명줄을 놨다. 홧병으로 식음을 전폐한 할아버지는 억울하게 떠난 아들과 손녀의 이름만 부르다 세상을 떴다. 가슴을 치는 슬픔이 할머니의 전신을 꽁꽁 묶어 비틀었으나 따라 죽을 수도 없었다. 봄 햇살 같은 귀동이와 세상을 한탄하며 살고 있을 때 그 지긋지긋한 전쟁이 끝났다.

귀동이는 초등학교에 입학하여 공부할 땐 몹시 장난꾸러기였다. 건장한 체구와는 달리 수줍음도 많았다. 졸업하자마자 할머니를 도와 살림을 시작하고 농사를 지었다. 귀동이가 열다섯 살 되던 해 철이 조금씩 들어가자 장 구경을 갔다. 그날 쇠전에서 송아지가 어찌나 탐이 나던지 할머니를 졸라서 일 년 먹을 식량을 다 퍼주고 사왔다. 귀동이의 철없는 행동으로 그 한 해 동안은 겨우 꽁보리밥만 먹고 살았다. 지금도 그때 할머니 가슴을 아프게 해드린 것이 가슴 아리단다.

그가 열일곱 살 되던 해 친척들이 가정을 만들어주자며 서둘러 장가를 보냈다. 외로움이 절절한 집에 의지할 마누라가 생기면서 오순도순 할머니를 모시며 아이들 낳고 작은 행복이 찾아왔다. 어린 것들이 쑥쑥 자라나자 자식들만은 도시에서 교육을 시켜야 한다며 뱃심을 부려 서울로 이사를 하였다.

그는 궂은 일 마다하지 않고 열심히 벌어 알콩달콩 살았다.

그러나 설렘도 잠시 젊은 나이에 그 아내가 암에 걸리고 집을 팔아 간호를 했으나 운명은 그의 편이 아니었다. 어린막내가 죽은 에미 품을 파고들어 젖을 빨고 있는 것을 보면서 검게 탄 통증이 벼랑에 추락하여 산산이 부서졌다. 복 없는 놈은 뒤로 넘어져도 코가 깨진다는 속담처럼, 깃털 같은 사남매와 빈털터리가 된 자신뿐이다. 말라버린 눈물이 매섭게 비명소리를 내며 어깨를 짓눌렀다. 그것도 잠시 다시 입에 풀칠할 서러움이 기다리고 있었다.

맘껏 울 수도 없는 절박함이 고삐처럼 목을 조였다. 그는 아이들을 학교에 보내고 어린 막내는 젖병 하나 물려 방문 걸어 둔 채 막판 일을 했다. 죽도록 일을 했으나 노임을 못 받을 때가 많았다. 그럴 때마다 외상을 주는 가게 아저씨 덕에 새끼줄에 연탄 꿰들고 쌀 한 됫박, 분유 한 통, 기저귀를 들고 방문을 열면 울다 지친 아기의 여린 엉덩이에서 빨갛게 진물이 났다. 종일 먹지 못해 시들시들 기진해 울지도 못할 때면 먼저 떠난 아내를 원망했다. 어린 것을 고모댁에도 맡겨 봤지만 농사철이면 바빠서 돌볼 겨를이 없었다.

벌어먹자니 아이가 문제고 고아원으로 보내자니 혼자 자라온 서러움이 피멍 밭이라 더욱더 어린 것들을 떼어 놓을 수 없었다. 절망 속에서도 끝내 포기할 수 없어 죽든 살든 뭉쳐 살자고 다짐 또 다짐을 했다. 어린 사남매는 그렇게 울며 자랐다. 큰딸이 초등학교를 졸업 하자마자 가르쳐야 한다는 사명감이 그를 다시 먼 이국땅으로 내 몰았다.

귀동이는 차가운 서울바닥 단칸 셋방에 세 아이를 큰딸에게 맡겨두고 중동으로 떠났다. 사막의 찜통더위를 온몸으로 받아내며 이를 악물고 일 하였다. 허허벌판에서 자동차가 고장 날 때면 몇 날 며칠 땀에 절고 물이 없어 죽다시피 다시 일터로 찾아올 때가 한두 번이 아니었다. 그 땀방울이 드럼통 몇 개를 채울 것이란다.

아빠 엄마 몫을 다한 그에게 하늘은 무심하지 않았다. 큰딸은 착실해서 엄마처럼 동생들을 공부시키며 뒷바라지를 열심히 했다. 그는 돈 떨어지면 다시 중동으로 떠나고 외기러기 같은 삶을 왔다갔다 반복하는 동안 뿌리 깊게 성장한 자식들은 직장도 다니고 결혼도 하였다.

환갑이 훨씬 넘은 어느날, 귀동이의 떨리는 목소리가 흐느끼는 듯 전화를 타고 흘러왔다. 왜 그러냐고 묻자, "엄마를 찾았어!"라고 대답했다. 그리고 몹시 울었다. '진즉 좀 찾지! 이 나이가 되도록 왜 죽지 않고 살았으면서 날 안 찾았는지 그 속을 알 수 없다'고 했다.

하지만 귀동이 엄마는 한 많은 세월동안 한시도 아들을 잊지 못해 죽기 전 집 한 채를 귀동이를 위해 장만해 주었다. 그런 후 몇 년을 살지 못하고 아들에게 제삿밥을 받아먹고 있다.

귀동이는 지금 명문 대학을 간 손주 학비며 용돈까지 보내주는 멋진 할아버지로 지내고 있다. 그러나 정작 본인의 외로움은 미루나무의 왕매미처럼 크게 우는 그리움으로 남아 있다. 이젠 생을 같이 할 짝을 찾아 행복한 여생을 보내라고 말하지만 돈 버는 재미에 푹 빠져 변신을 못하고 있다.

반딧불이 반짝이던 유월의 밤은 뱃사공과 함께 사라졌다. 이제는 시도때도 없이 구불구불 오가는 낭만이 깃든 보성강 길이 귀동이의 삶이며, 영원한 요람이 되어주고 있다.

깃발

지금도 마을 회관 앞 국기봉에 태극기가 펄럭인다. 일본인들이 물러가자 먼저 태극기를 꺼내어 만세를 불렀고 태극기를 달았다. 긴 세월 억압에 눌린 태극기가 자유로이 춤을 췄다. 농사가 천직인 시골마을에 모처럼의 평화가 왔다. 36년, 공출이라는 명목으로 착취당하다가 이제야 곡식을 자기 몫으로 농사를 거둬들이는 기쁨을 맛보게 되었다.

행복한 순간도 잠시 6·25가 터지면서 마을은 우익과 좌익으로 나누어졌다. 정 많던 사람들은 서로 거리감을 두고 할 말을 제대로 못하고 조심스럽게 눈치를 보며 살았다. 12개 마을 이장들은 밤사이에 무슨 사건이 일어나면 지서에다 보고를 하도록 했다. 공산당들은 지하조직을 만들고 주민들을 끌어들여 평등사회를 부르짖었다. 순박한 사람들이 사회주의 세뇌교육을 받고 이중첩자가 되기도 하며, 더 똑똑한 사람들은 요소마다 우수한 당원으로 활동을 했다.

이장들은 이런 사람들 명단을 작성하여 지서에 보고도 하고, 먹을 것을 털어가는 밤이면 신고부터 했다. 낮이면 경찰들이 마을로 와 조사를 해가고 밤이면 지하조직원들이 마을 사람들을 포섭해갔다. 아침 일찍 일어난 마을 이장은 깃대부터 살폈다. 가끔씩 붉은 기가 펄럭이기 때문이다. 인공기 펄럭이는 것은 마을이 포섭되었다는 증거이기도 했다. 그런 와중에도 여러 마을 이장들은 죽기를 각오하고 마을마다 태극기를 지켜내고 있었다. 이장들의 담합에 반란군들은 무서운 모의를 시작했다.

부엉이가 울던 음산한 산골의 밤, 귀신이 스쳐 지나듯 말없는 그림자들 때문에 마을 개들이 숨넘어가게 짖어대고 있었다. 불빛 하나 켜지 않은 마을은 정적이 감돌았다. 이장들 신발까지 꿰뚫고 있는 마을 푸락치들이 삵이 닭 덮치듯 한 명씩 포승줄로 엮어갔다. 열 명이 넘는 이장들은 순식간에 손과 발을 묶이고 입을 틀어 막힌 채 영문도 모르고 잡혀갔다.

그 밤 단 한 사람의 이장은 집에서 잠자기가 영 마뜩찮았던지, 친구네 사랑방으로 가서 소마구 헛간에다 신발을 벗어놓고 누웠는데, 두런두런 발자국 소리가 나더니 "여기도 신발이 없네. 어디서 잘까?" 하면서 가더라는 것이다.

여명이 트기 전 산봉우리에선 콩 튀듯 마을을 흔들었다. 잡혀간 열 한 명의 이장들 심장을 꿰뚫는 총소리였다.

반란군은 이장들 때문에 여러 마을을 확보하기가 어려워지자 끔찍한 만행을 저지른 것이다. 사람들은 무서움에 떨고 각 동리마다 인공기가 펄럭이기 시작했다. 이장들 대학살이 있고부터 반란군 대장 집은 경찰들이 불을 질러 태워 버렸다. 반란군 마누라는 어린 것이 둘이나 있어 오갈 데가 없었다. 혼자 살아남은 이장은 자기 아이들의 친구인 어린 것들이 불쌍하여 작은 방을 치우고 잠잘 수 있게 도와주었다. 그러자 즉각 경찰들이 찾아왔다.

"이장님, 어째서 반란군 대장 여편네를 집에다 살립니까?"

"나는 이 동네를 책임질 의무가 있소. 어찌 살아있는 어린 것들을 추운 날 밖으로 내칠 수가 있소? 가족이 있으믄 대장이 찾아 올 것 아니요. 오면 즉각 지서로 연락해 드리리다."

"그라믄 부탁 하겠소. 꼭 연락하시요 잉."

경찰의 의심을 피하고 보낸 후 이장 아들과 친구가 한 집에 살기 때문에 더욱 재미있게 놀았다. 초등학교 2학년인 이장집 형식이와 동갑내기인 순철이는 뒷동산 바위 아래에 탄피를 주으러 갔다. 불발탄을 주우면 화약은 약이라고 먹고 껍데기는 엎어놓고 돌로 쳐서 터지게 한 후 탄피를 모아 장난감으로 가지고 놀았다. 둘은 각목에다 고무줄을 얽어매서 총처럼 만들어 놓고 학교에서 돌아오면 총싸움을 하며 놀았다. 5학년 누나도 한 반인 순철이 누나와 같이 어울려 공부를 하며 지냈다. 호시탐탐 주야로 감시 중인 경찰이 하루는 이장댁 딸을 지서로 끌고 갔다.

"네 이름이 누구지?"

"김형순 이예요,"

"그래 형순아, 너희 집에 동갑네기 친구 있지. 그 애 아버지 만난일 있니?"

"전혀 몰라요."

"바른말 하면 아무 벌도 안줄 테니 자세하게 말해봐라 잉."

"그러면 우리 큰할아버지가 면장님 인디요. 면장님께 물어보세요?"

"응 그래. 면장 집 가족들이여. 그라믄 그애 아버지가 오면 꼭 알려줘!" 하고는 풀려났다.

형순이가 경찰한테 불려갔다는 소식을 들은 이장마누라는 어린 것을 윽박 지르지 않나싶어 2키로나 되는 지서로 달려갔다. 다행이 탈 없이 오고 있는 형순이를 중간에서 만나 안도의 한숨을 푹 내쉬었다. 형순이는 엄마 탓을 하고 있었다.

"뭣 헐라고 반란군 대장각시를 우리집에 살리더니 나까지 불려가난 말이야!" 형순이는 엄마한테 화풀이를 했다.

그해 가을 전쟁 중에 지은 농사를 찧기 위해 이장님이 발동기를 가지고 이 마을 저 마을로 방아를 찧고 다니는데 반란군들은 먹을 것을 가지러 밤마다 내려왔다. 하룻밤 자고 나면 부엌 문짝이 없어지고 그 다음 날은 재봉틀이 없어지고 필요한 살림살이가 남아나질 않았다. 휑하니 문짝 없는 부엌은 대낮에도 반란군이 숨어있는 것처럼 오싹 무서웠다.

가을걷이가 끝난 논바닥은 숨을 곳조차 없는 벼 포기만 남아있다. 하얀 억새만 흐느적거리는 으슥한 밤길 모롱이를 이장님이 집으로 오던 그때 산속에서 검은 반란군들이 불쑥 나오더니 양 어깨를 끼고 산 속 길로 끌고 갔다.

"누구요? 나는 아무 죄도 저지른 일이 없소. 나를 놓아주시오."

"잔소리 말고 따라와."

"알고나 갑시다. 나는 아랫마을 이장이요."

"흥. 네놈이 혼자 살아남은 그 이장이로구나!"

하면서 앞뒤로 에워싼 반란군들이 벼랑 위를 오르자 한 줄로 쭉 늘어섰다. 이장은 '아 내가 이제 죽는구나' 속으로 직감했다. 그때를 놓치지 않고 죽기는 마찬가지라는 각오로 벼랑 아래로 뛰어내려 데굴데굴 구르기 시작했다. 벼랑 바닥에 떨어진 이장을 반란군들은 총으로 무차별 난사를 했다. 그 사이에도 팔다리가 부러지지 않았나 재빨리 움직여 보고 바위 틈새로 기어가 꼭 박히었다. 총알은 바위 사이를 맞고 핑핑 소리를 내며 스쳐갔다. 총소리가 멎고 인기척이 없자 혼이 절반 나간 정신을 추스려 길 없는 가시 골짜기를 타고 가까스로 집에 도착 했다.

"어이, 나 문 좀 열어주소."

"아니 이 새벽에 무서운 줄 모르고 어떤 년 품고 있다가 이제 오요?"

"나 죽네. 어서 문 열어. 문짝에다 담요로 가리고 불 좀 켜봐."

이장마누라가 믿기지 않은 투로 조심스럽게 성냥을 그어 호롱불에 대자 반송장이 된 남편이 방으로 기어들어 왔다. 방바닥에 정신을 잃은 채 쓰러졌다. 옷은 피투성이요. 얼굴은 성한 곳이 없다. 반넋이 나간 사람처럼 말도 제대로 못하고 무서움에 떨고 있었다. 찢어진 옷 사이로 살들이 패이고 뜯겨져 나갔다. 대강 옷을 벗기고 찢긴 곳에 아카징기와 다이아징 가루를 뿌리고 동여맸다. 오랜 기간 고생 끝에 겨우 살아났다.

마을마다 면소재지로 소개를 나갔다 낮이면 돌아와 농사를 짓고 밤이면 남의 집 아래채 단칸방에서 살아가는 것이 지옥이었다. 지하조직들은 붉은 기를 달아놓고 자기들 세상처럼 살아가고 있었다.

이듬해 여름밤, 참외밭 원두막에서는 좌익으로 몸담은 사람들이 모처럼 시원한 단잠을 자고 있을 때였다. 누가 정보제공을 했는지 경찰들이 급습하는 바람에 원두막은 불태워졌고, 잠자다 달아나는 사람들 등에 총알이 관통을 했다. 평등하게 살고 싶어 이념을 달리한 사람들은 그 밤으로 객귀가 되어 차마 시체도 묻어주질 못 했다. 이장은 친분이 가까운 시신을 찾아 아무도 몰래 삽으로 묻어 주었다.

이즈음 맥아더 장군의 인천 상륙작전을 감행하였다. 그러자 서울 이남지역 잔당들을 소탕하는 접전으로 몰아갔다. 빨치산들이 지리산으로 숨어들기 시작할 때였다. 광양 백운산, 순천 조개산, 구례 지리산을 거점으로 하루 밤에 몇 십 리씩 산등성이를 다니며 먹을 것을 훔치는데 여념이 없었다. 여름내 절구통에 찧어 놓은 보리쌀까지도 남아나질 않았고 닭이나 짐승들도 씨가 남지 않았다.

소개 나갔다 온 이장댁은 부엌문이라도 달고 싶었으나 모두가 숨

쉬고 있는 것만으로 족한 세상이었다. 아침 일찍 일어난 이장은 살고 있는 마을 앞에 붉은 기가 꽂혀있는 것을 발견하고 보자마자 끌어 내려 찢어버렸다. 그런데 갑자기 '손들 엇' 하는 소리가 들렸다. 바로 등 뒤에서 망을 보던 반란군들이 총을 이장 가슴 쪽으로 겨누며 노려보고 있었다.

"당신은 어째서 인민해방기를 찢고 있소?"

"나는 어차피 죽을 것이요. 당신들 기가 펄럭이면 지서에서 책임을 물을 것이고, 태극기가 펄럭이면 당신들이 죽일 것이니, 이래도 죽고 저래도 죽을 목숨이니 어서 죽이시오."라고 말을 했다.

바른말을 하는 이장 말에 반란군도 바람 앞의 등불이 된 신세가 되어 있음을 알았는지 한참을 생각하더니 차마 죽이지 못한 채 '총 거둬' 하는 소리와 동시에 사라져 버렸다.

작은방 순철네 엄마는 그날도 지서에 가서 죽지 않을 만큼 당하고 왔다.

"네년, 서방 언제 왔다 갔느냐? 오면 연락하라고 했는데 왜 말이 없어."

"지는 통 몰라요. 오지도 안했구만요."

"네년, 서방 때문에 우리 고을이 살 수가 없단 말이야."하고 다그쳐 대는 순경은, 순철이 엄마를 온몸에 구렁이 감아놓듯 했다.

마을에서는 인민군이 지리산으로 쫓기고 있다는 소문이 파다했다. 군·경 합동 작전으로 토벌이 시작되었다. 총소리가 마을을 흔들던 밤 반란군대장 순철이 아빠도 시체로 변했다. 소개 갔던 사람들이 돌아오고 다시 태극기는 마을 앞을 지키는 수호신이 되어 민족의 자존심으로 펄럭였다. 이장은 몇 번의 죽을 고비를 넘기고 마을과 태극기를 지키게 되었다.

영혼방

마을은 온통 초가지붕이며 유년에 살았던 친정집은 기둥만 남기고 서까래와 기와를 얹어 새로 지었다. 그 시절은 농약이 없고 친환경으로 풀을 뜯어다 두엄을 만들어 농사를 지었다.

오월이면 보리가 익어가고 뒤란 장독대 옆엔 석류꽃이 붉게 피었다. 뽕나무에 다닥다닥 열려있는 간식거리인 오디를 얼마나 많이 따먹었던지 입과 손은 온통 진보라 색으로 물들었다. 집 담은 검고 울통 불통한 자연 돌담으로 쌓여서 가죽나무 아래에는 검은 구렁이가 살고 호두나무 아래에는 누우런 구렁이가 살았다.

날씨가 몹시 덥고 푹푹 찌는 날이면 구렁이의 긴 몸뚱이가 담을 휘감고 나타나고 까치가 까작대고 참새가 짹짹거렸다. 이럴 땐 또래 아이들이 바작대기로 구렁이를 쿡쿡 쑤셔대며 떼거리로 몰려들었다.

"구렝이가 나옹께 비올랑 개비여" 어른들이 한 마디씩 하며 지나갔다.

이듬해에 나는 초등학교에 들어갔다. 칠 남매를 길러주셨던 큰할머니가 87세에 돌아가시고 일 년 후 우리 할머니도 뒤따라 돌아가셨는데 그때 그때 85세이셨다. 큰할머니는 자손이 먼저 떠나고 홀로 되면서 조카인 아버지가 모시게 되었다. 우리는 두 할머니의 사랑을 받으며 자랐고, 할머니는 큰할머니를 애잔한 마음으로 알뜰하게 보살펴 드렸다. 오랜 세월 한 방에서 자매처럼 기거하면서 정답게 지내셨다. 남달리 손주 사랑이 절절한 두 할머니는 내가 육학년이 될 때까지 치마폭에 감싸 안고 깊고 따스한 사랑을 베푸셨다.

대문 간 빈방에 두 할머니의 영혼방을 모셨다. 방에는 젯상을 차려놓고 날마다 세 끼의 상식을 올렸다. 향과 촛대에 불을 붙이고 식사를 올린 후 곡을 세 번하고 숭늉을 올렸다. 그런 다음 담뱃대에 불을 붙이고 연기를 피워 올린 후 절을 하고 나왔다. 밤이 으슥할 때면 둘러쳐진 명전들이 촛불에 비춰 붉고 파란 색으로 한지 문에 춤추는 것처럼 흔들거릴 때마다 무서움이 확 끼쳤다. 셋째 언니와 나는 사 년간 두 할머니에게 정성을 다해 영혼방을 모셨다.

두 할머니가 돌아가신 후 장독대 뒤 담 사이엔 구렁이 두 마리가 정답게 살았다. 뒷집 마굿간과 붙은 담이어서 집시랑물이 담 밖으로 떨어졌다. 벽을 타고 오르는 담쟁이 넝쿨이 구렁이 굴 사이를 초록잎으로 덮고 있었다. 그리곤 햇볕이 잘 드는 뒷담 의지 안에 엮은 마늘을 달아 두었다.

봄부터 먹었던 마늘을 떨어질 때까지 구렁이가 살고 있는 뒷담을 오르락 내리락 했다. 그럴 때마다 발끝을 움츠려 오금 저린 걸음으로 마늘을 내려 왔다. 구렁이들이 가끔씩 외출 하는 날이면 뒷담은 온통 쌍둥이 뱀으로 뒤란이 꽉 찼다. 그런 후 뱀허물이 남아 있고 그들은 훨씬 자라서 성숙해 있었다.

이런 꼴을 보면서도 가족들은 누구하나 뱀에 대한 말을 하지 않았다. 하지만 어린 내 마음은 늘 뱀만 없다면 얼마나 좋을까 싶었다. 그리곤 어머니께 "엄마 징헌 뱀 좀 잡아버려요."라고 투덜댔다. 어머니는 역정을 내시면서 "구렁이를 함부로 잡으면 큰일 난다. 그것이 영물이여. 그라고 두 할머니가 돌아가신 후로 저것들이 와서 살

왔씅께 어쩌면 두 할머니의 영혼 같기도 하고, 안그러냐!" 하시며 타일렀다.

내 친구가 살았던 마을 정미소집 이야기이다. 그 집은 아주 잘 사는 마을 부자 였다. 초가집을 뜯고 기와집으로 이사한 날이다. 그날 어찌된 영문인지 기와지붕 서까래 마다 실뱀들이 모여 서로 비틀어 꼬아 대롱거렸다. 이것을 본 아이들이 장대로 흔들어 모두 잡아 죽였다고 했다. 그 일이 있고부터 많은 사고가 그 집에서 일어나고 결국 폐가가 되었다. 정미소 집 아들은 현재 남의 집 직공으로 살고 있다고 한다.

여름이 되면 집 앞뒤 쪽은 뱀들로 우굴 거리면 어머니는 뱀이 싫어한다는 머리카락을 태워보고 흰죽도 쒀 줘 보았다. 하지만 아무 소용이 없었다. 어머니는 예삿일이 아니라며 사랑방 일꾼들도 행여 건들지 말라고 일러두었다.

큰할머니 돌아가시고, 일 년 후에 할머니가 돌아가셔서 영혼방의 촛불이 사 년이 되던 해 담뱃불도 촛불도 꺼졌다. 할머니를 사랑한 모든 것들이 집을 떠나고 구렁이들도 바람처럼 사라졌다. 언니도 나도 시집을 가고 친정은 오빠 내외만 살고 있다.

오십 년 넘은 지금도 친정을 가면 뒷담 뱀굴을 본다. 된장이나 고추장을 뜨러 갈 때마다 흠칫거렸을 까치발 걸음이 오랜 추억으로 남아있다. 아마도 그때 초가지붕엔 살던 뱀들이 기와를 올리면서 땅으로 내려와 사람과 공생하며 족제비나 쥐들을 잡아먹었던 것이 아닌가 생각된다.

호두나무 귀신

폭포가 있는 마을 담들은 검은 이끼가 피어나고, 자그마한 마당의 초가집이 햇볕에 포근히 안겨있다. 담 안에서 신음소리가 들렸다. 마을 사람들은 첫 새벽부터 도랑으로 모여들었다. 간밤에 누가 죽지나 않았는지 근심과 조바심으로 조앙님께 올릴 물을 옹기에 퍼 담아 똬리를 받쳐 이고 갔다.

누에치기가 한창인 1964년 8월은 필자가 19살이 되던 해이다. 용이 마누라가 친정을 다녀온 후부터 시름시름 앓기 시작하자 혹 아이를 가진 게 아닐까? 사람들은 그런 생각을 하였다. 병은 날로 깊어만 가는데, 어느날 그 집 마당에서 덩덩덩 징소리가 요란스러웠다. 그런 후 한약을 다려먹였으나 심한 고열로 밤을 넘기지 못하고 저 세상으로 갔다. 용이의 슬프게 우는 소리가 늑대 울음처럼 들렸다.

마을 사람들은 제 명대로 살지 못하고 간 그녀를 위해 고운 상여로 저승길을 배웅하고 아담한 무덤을 만들어주었다. 그 후 어찌된 일인지 마을 사람들이 하나 둘 앓아눕기 시작했다. 헛소리들을 하다가 고열로 죽어갔다. 그때서야 괴질인 것을 알고 면사무소에 신고를 했다. 면사무소에서는 예방주사를 마을 주민들에게 놓아주었다. 아랫마을 사람들이 연이어 죽으면서 윗마을까지 번졌다.

우리 집 앞에 살고 있는 정귀네 아버지가 앓아누웠다. 심한 고열로 가족들은 근심이었다. 한약 달인 냄새가 우리 집까지 번지더니 한 달을 못 넘기고 돌아가셨다. 상여꽃들이 울타리 싸릿대에 걸려 찢겨진 채 너울거려 혼령이 떠나지 못해 손짓하는 것처럼 보였다.

앞집 정귀가 제 아버지 봉분에 풀도 나기 전 채 한 달도 안 된 어느 날, 마루에서 펄쩍펄쩍 뛰며 우는 모습을 보았다. 패기가 넘치는 열여덟 총각은 고열로 한 바탕 뛴 후 푹 꼬꾸라지더니 고래고래 소리를 지르다가 숨을 거두었다. 마을어르신들은 이 천재지변을 어쩌지 못하고 근심으로 눈물만 흘렸다. 정귀의 시신을 긴 멍석에 둘둘 말아 지게에 지고 갔다. 묘지도 없이 돌로 덮고 솔가지를 얹어주었다. 며칠 뒤 내 친구 영자 동생 영구가 죽었다. 6,25때 부모를 잃고 큰집에서 자란 남매, 누이의 서러움은 폭포에 파인 돌만큼이나 쓰라림을 겪었다. 더운 햇발이 서산머리에 핏빛으로 붉게 물들어갔다. 산 그림자는 보랏빛으로 어둑어둑 무섭게 마을을 짓눌렀고 무서운 죽음의 현실에서 나는 안타까움에 애달파했다.

우리 집 마당 앞에는 가죽나무, 뽕나무, 배나무, 호두나무가 빙 둘러 담 사이에 서있다. 배가 주먹만큼 크고 호두도 올망졸망 달렸다. 먹을 것이 귀한 때였다. 풋배를 따서 잘근잘근 씹어 달착지근한 물을 빨아먹을 때쯤, 논에 그늘이 져서 벼가 익질 못한다며 무성한 호두나무 가운데를 잘라냈다. 호두나무는 아랫쪽 잔가지만 앙상하게 볼품없는 모습으로 벼를 원망하는 것처럼 비스듬히 그쪽으로 기울어져 갔다.

누에치기가 한창인 우리집 마당은 누에똥이 수북하게 쌓였다. 매일 뽕따다 누에 밥을 주고 똥을 가려주고 눈코 뜰 새 없이 바빴다. 예방 주사를 맞은 며칠 후였다.

"엄마. 내 이마 좀 만져봐."
"다 큰 것이 무슨 열이 난다고 그러냐?"
"자꾸 힘이 빠지고 눕고 싶어."
"워쩌끄나, 의사 좀 불러 와야 쓰것다."

죽곡면에 사는 의사 선생님이 자전거를 타고 링거주사와 약을 주고 갔다. 십여 일이 넘도록 왕진을 다녔으나 차도가 없었다.

어머니는 나를 간호하느라 꼼짝 못하셨다. 가족들에게 병이 옮길까봐 내 방에는 가족들 금지령이 내렸다. 나는 고열로 변이래야 곱똥만 누었고 물 한 모금 넘기지 못했다. 냉장고도 없는 늦여름 사과를 사서 즙을 먹여주었으나 허사였다. 뼈만 남은 앙상한 몰골을 어머니는 더 이상 볼 수가 없었던지 아버지께 애원을 하였다.

"여보. 다 큰 가시네 쥑이것소. 점이라도 해서 살려야 쓰것는디 어쩌께라우."

"무당이 열 내려 준답디까? 그러문야 진즉 마을 사람들이 다 살아났것소?"

"자가 열이 더 심해징께 갑자기 정귀처럼 죽어뿔먼 어쩔 것이요. 그때는 나도 따라죽을라요. 원이나 없게 큰 굿 한번 해봅시다."

어머니는 아버지께 반승낙을 얻어 무술이집을 찾아갔다. 점장이가 하는 말이.

"어쩌자고 생목숨을 잘라 이 지경이 되얏소? 호두나무 귀신 때문에 차도가 없소. 나무 목숨 함부로 자르는 것 아니요."

"어치고 허든지 우리 딸만 살려 주시씨요. 복채는 잘 드리리다."

어머니와 함께 온 무당은 굿할 준비를 하였다. 한지로 오려 귀신 맞이할 준비물을 만들어 놓고, 어둑어둑한 해질녘, 무당이 시키는 대로 상차림을 했다. 9시부터 시작한 굿은 내가 누워있는 큰방에서

부터 시작되었다. 덩덩덩,덩덩덩, 꽤갱꽹 꽤갱꽹 징과 꽹과리, 장고 소리가 어우러지며 무당의 주문이 이어졌다. 어머니는 차림상 앞에 앉아 '조상님, 천지 신령님 내 딸 살려 주십시오.' 라며 수백 번 절을 하였다. 내 방 벽에 걸려 힘없이 타들어 가던 호롱불이 축 늘어져 누워있는 나를 흐릿하게 비췄다.

굿판은 내 방에서 끝나고 부엌조앙님께 빌더니 호두나무의 잎을 잘라 묶어놓은 나뭇가지 앞에서 시작되었다.

"엇쇠 호두나무 귀신아 물러서라.
여기는 수곡리 선두산 깎아지른 돌벼랑
너희가 올 곳이 아니니
엇쇠 호두나무 귀신아 썩 물러서라 퉷퉷."

새벽이 되어서야 징, 장고, 꽹과리 소리가 멈추고 굿판이 끝났다.

"아가, 어쩌냐?"

벽에 걸린 등잔은 밤새 심지가 다 타들어가 침침하고 어슴프레 하게 불을 비쳤다. 어머니는 누워있는 내 머리를 쓸어내리셨다. 나는 아무 말을 할 수 없었다.

어머니의 심신도 병간호 하시느라 지쳐 있는 중에 굿까지 하였으니 혼이 반쯤 나간 상태였다.

"이 일을 어쩔고. 야가 죽을랑 갑다. 어서들 와봐라 잉." 하시더니 내 방안 장롱을 뒷방으로 옮기고, 시렁위의 이불 보따리를 모두 밖으로 내다놓았다. 방안에 살림은 없고 뼈만 남은 나만 누워 있었다.

나는 그때 혼수상태에서 비몽사몽간에 시집가는 꿈을 꾸며 꽃가마를 타고 가는 중이었다. 고개에 이르자 쉬어간다고 쉬는데 어머니의 통곡소리에 소스라쳐 놀라 깼다. 눈을 떠보니 우리 가족 모두가 내 손과 발을 주무르며 울고 있었다. 밤새 고열로 수분이 없는 상태에서 나는 물 한 방울도 못 마신 실신 상태로 말을 하지 못했다. 혀가 움직이지도 않았으며 사지를 움직일 힘도 없었다. 어머니는 내 머리를 쓰다듬으시더니.

"나 좀 봐라. 굿 허다 자식 쥑이것다. 아무 것도 안 멕인 자식을 지금까지 물 한 모금도 주지 않고 밤새 굿만 했씅께 자가 살겄냐! 어서 물 가져 오니라."

어머니는 내 입에 물을 한 방울씩 떠 넣어 주며 이마에 시원한 수건을 얹었다. 소중한 물 한 모금이 내 목을 타고 전신에 퍼졌다. 나는 그 때에야 어머니께 울지 말라고 눈을 떠 보였다.

"지발 죽지말어. 이 여름에 괴질 허다 죽으믄 난 어쩔 것이여, 너따라 죽어야제."

어머니의 기쁨 섞인 목 메이는 목소리였다. 가족들은 내가 살아났다고 소리를 질렀다.

마을 사람들은 밤새 굿을 보고 아침 지을 준비를 하러 갔다. 그러다가 물 길러 도랑을 나오다가 어머니의 통곡 소리를 들었다고 한다.

"기어코 일을 당해 뿌렀구만. 정귀가 보름 전에 죽었는디, 또 아가씨가 죽었어야. 어찌까 어찌까. 어서 괴질이 동네에서 떠나야 쓸텐디. 어젯밤 굿이 허사였구마."

부모님 가슴을 다 타들도록 솟던 열이 호두나무 액맥이를 한 이후부터 약간씩 내려 호전 되어 갔다. 의사선생님도 다시 링거를 놓으러 왔다. 마을 사람 열다섯 명이 세상을 떠난 후 구사일생으로 살아난 것은 그날 호두나무의 영혼을 달래주었기 때문이 아닐까 싶다.

삵쾡이

집 뒤란 대밭 너머 배롱꽃이 넓은 묘지 한 켠에 붉게 피어있다. 밭 근처는 야산으로 빙 둘러 있고 낮이면 뻐꾸기가 울고 밤이면 부엉이가 음산하게 울었다.

할머니는 밤마다 긴 간짓대를 앞마루에 걸쳐 놓고 주무셨다. 닭장에서 '꼬 꼬 꼬 꼬고댁' 닭들이 놀라 이쪽저쪽으로 쫓겨 훌기는 소리에 벌떡 일어났다. 간짓대를 두들기며 '요놈. 훼이훼이' 하며 대밭 초입까지 닭들을 쫓아갔다.

삵쾡이는 닭장을 발로 후벼 판 후 구멍을 뚫어놓고 닭을 물고 대밭으로 도망갔다. 닭이 하룻밤에 서너 마리씩도 없어졌다. 아침 일찍 대밭에 가보면 닭 목만 남겨두고 몸통만 먹은 참혹한 현장이 보였다.

닭이 날마다 줄어들자, 새 닭장을 대나무로 넓게 만들어 할머니 방 앞쪽으로 옮겼다. 그런데 새로 만든 집을 마다하고 닭들이 뽕나무 위로 올라가 잠을 잤다. 할머니는 해질녘이면 장대로 닭을 몰아 닭장 안으로 들어가게 했다. 삵쾡이는 튼튼한 닭장 때문에 우리 집에는 가끔씩 닭만 놀래키고 이웃집 닭만 물어갔다.

마을 사람들이 아침 일찍 도랑물을 뜨러 오면 여인네들 입담은 안방과 같다. 간밤에 어느 집에 무슨 일이 일어났는지 소문과 소드레가 끊어지질 않는다. 그 밤도 살쾡이 놈 때문에 잠 못 자고 닭을 지켰다는 둥 누구네 사랑에선 일꾼들이 화투놀이로 한해 새경을 잃었다는 둥 잠잠한 날이 없었다.

새벽달이 대낮처럼 밝은 밤이었다. 뒷집 젊은 부부가 무덥기도 하여 알몸으로 사랑살이를 할 때였다. 살쾡이란 놈이 닭장 속에서 닭을 훌겨대자 '꼬고댁꼬고댁' 소리에 놀란 아저씨는 알몸인줄도 모른 채 삵쾡이를 쫓느라 고래고래 소리를 질렀다. 닭을 물고 도망치는 삵쾡이를 쫓아 가는데, 가족들이 나왔다가 민망하여 쩔쩔매는 일이 벌어지고 말았다. 숨 가쁘게 쌕쌕거리며 하반신 물건이 달랑거리는지도 모른 채 물고 간 닭이 아까워 간짓대가 부서져라 두들기고 방으로 들어온 아저씨는 그 때서야 알몸인 것을 확인했다. 이런 일이 있고난 후부터 동네에서는 삵쾡이가 언제 올지 모르니 밤이면 옷을 꼭 입고 자라는 말이 떠돌았다.

더위가 짙어가는 바쁜 농사철이면 뽕나무에 앉아 잠자는 닭을 닭장에 몰아넣지 못한 때가 다반사이다. 뽕나무에서 잠자는 닭을 삵쾡이가 무섭게 훌겨 어느 날인가는 거의 잡아먹고 마지막 암탉 한 마리만 남아 있었다.

일꾼 아저씨들이 틈을 내어 삵쾡이 피해 방지책으로 대를 쪼개고 다듬어 누에고치처럼 길고 둥그스럼 하게 닭장테를 만들기 시작했다. 제일 안쪽에다 남은 암탉 한 마리를 미끼로 넣어두고, 그 사이를 삼으로 꼰 질긴 새끼줄로 단단히 묶었다. 먹이를 물어뜯자마자 문이 닫혀 지는 덫을 만들었다. 큰 닭장 옆을 뜯어내고 작은 닭장테를 문 입구에 고정시켰다

그날 밤 삵쾡이가 열려진 닭장테 속에 날쌔게 닭을 물어갈려고 쳐들어갔다. 닭을 물어뜯는 순간 덫 속에 갇힌 신세가 되었다. 새벽닭

이 요란하게 울어대는 산골마을에 "어흐흥 어흐흥" 울부짖는 삵괭이 소리가 온 마을 사람들을 깨웠다.

아침이 되자 마을 사람들이 몰려왔다. 삵괭이를 닭장 앞에서 살아 있는 채로 구경 한 것이 처음이다. 날카로운 발톱으로 닭장테를 파드득 파드득 후벼 파며 뾰족한 이빨을 드러내어 으르렁거리며 덤벼들 듯 눈에 살기가 번뜩였다. 덜덜 떨고 있는 암탉 한 마리는 고개를 날갯죽지 사이에 파묻고 죽은 듯이 겁에 질려 새파래졌다. 큰 닭장 옆을 뜯어내고 끄집어낸 작은 닭장테를 아저씨들이 조심스럽게 바지게 위에 올려놓았다.

삵괭이가 후벼대는 바람에 바지게 작대기가 지탱하지 못하고 퉁 떨어져 뒹굴었다. 몸부림치는 삵괭이는 그날 이후 가죽만 벗겨져 벽에 붙여 있었다. 삵괭이 가죽을 볼 때마다 약육강식의 처절함에 오싹 소름으로 돋곤 했다.

7

금반지

금반지

천정부지로 치솟는 금값에 놀란 적이 한두 번이 아니다. 집안에 혼례가 있을 때면 예나 지금이나 첫 번째 쌍가락지가 예물로 들어갔다,

50년 전 음력 2월 칠남매 중 셋째언니 결혼식 날이 다가올 때이다. 그 시절에는 퇴상(이바지)이나 손님 치룰 음식을 한 달 전부터 집안 어르신들이 만들기 시작하였다. 산자(유가)는 찹쌀을 불려 절구통에 빻아 쌀가루를 체로 거른 다음 시루에 익힌다. 익은 떡은 늘여 말리고 튀긴 후 조청을 발라 튀밥 옷을 입힌다. 복잡한 한과들을 만드는 데는 엿이 감초처럼 들어갔다. 엿도 퇴상엿과 집에서 손님 대접용으로 틀리게 잘랐다.

집에서 먹을 엿은 둥글고 길게 빼어내 한입 크기로 토막을 내고, 사돈 집에 보낼 엿은 손가락 두 개 넓이로 납작하게 정성들여 뽑아 볼품 있게 잘랐다.

오합 석작 중 가장 큰 곳에 콩고물을 뿌린 후 공기 들어가지 않게 꼭꼭 싸매놓았다.

그러니까 큰올케 언니 반지가 없어진 것을 알 때는 결혼식이 임박할 때 쯤이었다. 반지가 없어졌다고 온 집안이 발칵 뒤집혔다. 많은 사람들이 음식을 만들고 잠을 자곤 하였는데 손가락에 낀 반지가 없어졌다니 기가 막힐 노릇이었다.

부모님께서는 큰올케 언니께 예식 치르고 나면 만들어 주마 하고 마음을 안심시켰다. 괜한 오해로 친척들 마음이 편치 못할 것을 예상해서 덮어두기로 했다.

예식날이 돌아왔다. 초래청이 마당에 차려지고 얼굴을 검게 칠한 중방(함잽이)이 함을 지고 들어와 함 사라고 외쳤다. 중방 앞에 걸게 한 상 차려주고 돈 봉투를 걸음마다 놓아주어야 억지로 집안으로 들어왔다. 함은 마루에 놓아지고 어머니께서는 함을 상 위에 놓으신 후 절을 하고 빗자루로 액을 쓸어내신 후 방안으로 들여놓았다. 연이어 신랑이 사모관대를 입고 원앙을 앞가슴에 품고 들어왔다. 주례가 “신부 출이요” 소리를 지를 때 원삼족두리를 쓴 신부가 양쪽 어깨 부축을 받으며 초래청에 들어와 서 있다.

시골 하객들은 마당 가득 서서 신랑이 잘 생겼느니 신부가 마음씨 곱다느니 시끌벅적 하였다. 그때 키 작은 삼순이는 우리집 조카를 업고 평상위로 올라가 예식을 보려고 까치발을 하고 쳐다보았다. 삼순이는 엿과 산자를 양손에 들고 파삭거리며 먹다가 엿을 입에 넣고 쪽쪽 소리를 내며 빨아먹다가. 한참 후 우적거리며 씹는다. 그러다가 “아얏, 무슨 돌이 엿에 들었쓰까이.” 퇵 뱉는다. 그 옆에 있던 나는 뱉은 돌을 쳐다 보았다. 삼순이는 재수 없다는 표정으로 던져버리려고 손을 높이 쳐들었다. 순간 팔뚝을 잡고 끈적한 돌덩이를 손바닥에 놓으라고 했다. 엿과 뭉개 씹어진 노란 색의 금반지, 뭉툭한 금반지는 아이의 잘고 촘촘한 이빨자국이 박혀 있었다.

마당에는 신랑 신부의 맞절과 우인들의 축사 답사가 이어지고 결혼사진 찍느라 웃음소리가 가득 퍼졌다.

나는 엿 묻은 반지를 들고 큰올케를 불렀다.

“언니, 이것 좀 봐.”

"아가씨, 무슨 일이예요."

쪼그라진 반지를 올케언니 손에 쥐어주었다. 어디서 찾았느냐며 깜짝 놀랐다. 마당에는 식이 거의 끝나가고 상객들은 방으로 안내되었다. 과방에서는 교자상이 손님들 방으로 연이어 들어갔다.

상객이 떠날 때 쯤 이바지 석작을 열 개도 넘게 묶어 내 놓았다. 그 많은 엿 조각 중에 하필 아이가 씹어 뱉은 엿 속에서 반지를 찾았는지 지금 생각해도 보물찾기처럼 행운이었다.

그러니까 갱엿을 고아서 따끈할 때 밤 내내 겹쳤다 당겼다. 손가락에 엿이 끈끈히 붙어 있는 힘을 다하여 뽑을 적에. 손에 낀 반지가 엿 속으로 빨려들어 갔던 것이다. 하필 결혼식 때 반지가 없어졌으니 불길한 마음을 떨칠 수가 없는 것이 부모님의 마음이었다.

셋째언니는 올해 일흔여섯 해를 맞이했다. 그때 일을 생각하며 우리 형제들은 '왜 하필 그 아이가 씹었을까?' 하면서 웃음보따리가 터지곤 했다.

셋째 언니 선보던 날

우리집은 칠남매 중 딸이 다섯이다. 마당에는 돼지, 염소, 황소, 닭들까지 끼니때만 되면 시끌벅적 귀가 아플 지경이다.

큰오빠가 발동기를 부리면서 거위 한 마리를 사다 놓았다. 시골 사람들은 거위를 땍거우라고 불렀다. '때억때억'거리며 낯선 사람들을 얼씬도 못하게 물어뜯기 때문이다. 햇곡식을 먹은 땍거우는 하얀 깃털에 윤기가 자르르 흐르며 이마에는 알밤만한 벼슬이 유난히 반질거렸다. 주걱 같은 너부죽한 부리로 먹기도 잘 할 뿐더러 집도 잘 봤다. 방앗간 때문에 사람들 발길이 잦다 보니 시도때도 없이 '때억' 거리며 오는 사람마다 물어뜯었다.

딸이 다섯 중 우리 집 셋째언니가 시집 갈 차례가 되었다. 총각 집에서 선보러 왔다 갔다 하지만 딱히 맘에 든 신랑감이 없었다. 언니는 조용한 성격에 말 수가 적고 자기 할 일은 알아서 하는 성격이었다. 어머니는 순둥이라고 불렀으며 평소에 꾸중하지 않았다. 그러나 언니는 거위한테만은 용납을 못 했다. 우물에서 보리쌀이나 쌀을 씻을 때면 뚜벅뚜벅 걸어와 틈만 나면 옴박지 속에 머리를 통째로 넣고 마구 휘저어 먹어 치웠다. 그럴 때마다 거위는 셋째 언니에게 혼이 났다.

"네이 놈 땍가우, 너 내 손에 죽어 봐라 잉. 다음에 또 그럴래?"

죽기 살기 작대기로 두들겨 패 혼쭐을 냈다. 거위는 고개를 숙이고 언니 앞에서 만은 쩔쩔매고 쥐 죽은 듯 쫓겨 갔다. 하지만 키 작은 나의 뒷다리는 사정없이 물어뜯어 피가 났다. 녀석을 혼내기 위해 여러 곳에 작대기를 준비해 두고 들고 다녔다. 키 작은 사람만 보면 직성이 풀릴 때까지 쫓아가서 긴 목을 당겼다 늘였다 간을 봤다.

싸늘한 바람이 옷깃 속으로 파고드는 초겨울 오후였다. 늙스므레한 중매쟁이 할머니와 만삭이 된 젊은 아주머니가 선을 보러 왔다. 시골티는 나지만 얼굴은 고왔다. 모처럼 입은 한복은 부른 배 때문에 치마 앞이 댕경 올라가고 뒤쪽은 처져 있었다. 손님은 마루가 높아 걸터앉기 조심스러워 하며 방으로 들어갔다. 찻상에 홍시와, 엿, 밤 등을 차려냈다. 언니는 곱게 빗은 머리를 촘촘히 따고 고개를 숙인 채 다소곳이 앉아 있었다. 선을 본 후 되돌아가야 하는데 산골의 짧은 해는 이미 서산에 지고 있었다. 집에서 석곡까지 가려면 20리 길이고 배를 타고 보성강을 건너야 했다.

"가야 허는디 어째야쓰까 잉! 해가 금방 넘어가뿌네,"

걱정스런 말투로 중매쟁이는 쩝쩝거리며 말문을 열었다.

"무슨 말씀이요. 무거운 배를 안고 어디를 간다고 그랬쌓소. 불편해도 유하고 가시씨요 잉."

어머니의 만류에 손님들은 못 이긴 척 방으로 들어갔다.

"아이야, 언니 밥 허는디 도와줘라 잉."

언니는 반찬 준비를 하고, 나는 솔가지에 불을 지폈다. 그릇에 달걀을 풀어 밥솥에 쪄내고, 소금 도가지 속에 간을 들인 갈치를 꺼내 노릇노릇하게 구워 놓고, 된장국을 맛있게 끓여 대접했다. 제대로 선을 본 그분들은 잠을 잘 주무셨다. 어머니는 혹여 해산이나 하지 않을까 초조한 빛을 띠시며 조바심으로 밤을 지새웠다.

다음날 아침 식사를 마치고 손님들이 떠날 준비를 하고 있었다. 아침시간이기 때문에 설거지를 하고 가축들 먹이를 주느라 가족들이 바빴다. 우리집 화장실은 헛간에 큰 돌 두 개를 놓아 양 발을 벌리고 큰일을 보았다. 그 앞에는 왕겨를 수북하게 부어두고 부춧가래로 쳐내었다. 뒷간에 갈 때 손님들에게 마루 앞에 놓인 작대기를 챙겨주지 못한 것이 그날 화근이 되었다. 시어머니 될 분이 남산만한 배를 뒤뚱거리며 볼 일을 마치고 막 돌아서 나올 때였다. 돼지새끼 구시에서 같이 밥 먹던 떽거우란 놈이 옥빛 한복차림의 낯선 사람을 보자 날개를 활짝 펴고 긴 목을 치마 밑에 넣고 물어뜯는 것이었다.

"사람 살려, 사람 살려."

다급한 고함소리와 함께 두 손으로 배를 움켜 감싸 안고 도망 치고 있었다. 그럴수록 떽거우는 사정없이 날개를 파닥거리고 바짝 따라 붙어 쪼아댔다. 이를 본 가족들은 거위 목을 잡고 떼어냈으나 흥분된 눈초리는 쉬이 도망갈 생각을 하지 않았다. 겁에 질린 손님 뒷다리에선 붉은 피가 흐르고 허벅지며 온 몸에 멍 자국 투성이었다. 상비약을 발라 준 어머니는 미안한 마음을 금치 못하였다. 그 일이 있고난 후부터 거위는 우리 가족의 미움을 받았다.

"너 손님 물어뜯으면 국 끓여 버린다 잉."

어머니는 저놈 때문에 딸 시집 못 보내겠다며 끈을 다리에 묶어 매어놓았다. 풀죽은 거위는 반성이나 하듯 고개를 날갯죽지에 묻어두고 '때억' 거리지도 않았다. 결혼할 아들이 첫 발령을 받아 객지에 함께 내보내고 싶은 부모 마음에서 먼 길을 마다하지 않고 선을 보러 온 거였다고 나중에 들었다. 거위 때문에 혼사는 이루어지지 않았고 거위는 혼이 났지만, 뱃속에 있었던 그 아이는 얼마나 자랐는지 그때처럼 초겨울이 오면 생각이 난다.

꾀주머니 찬 시어머니

서울서 야간열차를 타고 총각 부모님은 아들의 직장이 있는 광주로 내려왔다. 이유는 친구 소개로 만난 아가씨 때문이다.

그녀는 퇴근 시간만 되면 어김없이 총각 자취방에 찾아와 놀다가곤 했는데 시간이 지날수록 뻰순이로 변해 갔다. 총각 방을 제집 드나들듯 하면서 가끔씩 드레스나 옷을 입으면서 자크를 올려 달라하기도 한 그녀가 총각은 탐탁치 않았다. 그녀의 유혹에 넘어 가기 전 부모님이 오셔서 선을 보고 허락 받는 것이 최우선이라는 생각에 연락을 하여 오신 것이다.

총각 부모님은 광주에 내려온 다음날 일찍 일어나자마자 주인집 장독 덮개 깨지는 소리를 들었다. 언짠은 마음으로 그녀가 사는 여수행 기차를 타고 그녀 집을 찾아 갔다. 마당에 들어서자마자 역시 그집 장독 덮개도 깨졌다며 투덜거린 그녀의 어머니와 눈이 마주쳤다. 방으로 안내 받은 광주 손님은 한참 기다려서야 한껏 멋을 부린 아가씨를 만났다.

맘보머리에 후카시를 잔뜩 넣고 높게 부풀린 머리는 시어머니 될 어른의 눈에 얼굴보다 머리가 더 높아 보였다. 되바라진 가시내가 아닌가 하고 의부심이 들었다. 절을 하는데 선머스마처럼 꾸벅 하고 다소 곳이 앉아 있질 못하고 다시 일어나 밖으로 나갔다. 아들이 좋아하는 아가씨이니 이모저모 뜯어보고 그녀 마음도 조곤조곤 알아보려 했는데 어처구니없는 일이 생겼다. 처녀는 총총히 어디론가 걸어가고 어른들은 그녀의 뒷걸음을 따라갔다. 붙잡고 싶었지만 버스 승강장까지 왔는데 그만 버스는 그녀를 태우고 떠나버렸다. 여수까지 내려와 말 한번 못 붙여본 어른들은 닭 쫓던 개 지붕 쳐다보듯 난감했다.

그 길로 기차를 타고 나선 어른들은 그녀의 행동과 화장한 볼 위로 가득 찬 죽은깨 까지 마음에 드는 것이 하나도 없었다. 왜 하필 장독 덮개 까지 그 시간마다 깨졌는지 이해할 수가 없었다.

마음에 차지 않은 선을 보고 광주로 올라오는 길이었다. 이왕에 내려왔으니 누군가 선을 더 보고 싶은 허전한 마음에 옆자리 앉은 할아버지께 말 붙임을 시작하였다.

할아버지는 조금 꽤재재하니 생겼지만 말 속에 힘이 들어있고 그 지역 모든 일을 소상히 꿰뚫고 있었다. 어느 면에 사는 어떤 성씨의 규수감이 있고 어느 면은 멋진 총각들이 있다며 손바닥 손금 보듯이 알고 있었다. 그 이야기를 꼼꼼이 적은 총각 부모님은 순천역에서 내려 버스를 타고 석곡에 도착했다. 그날이 장날이어서 장구경도 하고 규수가 있다는 마을에 가보기로 작정 하였다. 하지만 아무 연통도 없이 규수를 보러가기가 밋밋했다. 중마쟁이 없이 선을 본다는 게 멋쩍은 총각어머니는 언듯 기발한 생각을 해냈다. 그리고 비단가게를 가서 제일 가벼운 이불속싸개 한 필을 끊었다. 보자기에 싸서 이고 이십리 길을 걸어 시골 규수 마을에 도착하였다.

아버지는 동네 어귀 당산나무 밑에서 기다렸다. 비단도 아닌 속싸개 한 필을 머리에 인 장수가 우리 마당으로 들어왔는데 마침 점심시간이어서 낯선 아주머니께 나는 밥 한 그릇을 상위에 담아 올리고 함께 식사를 했다. "찬은 없지만 배부르게 식사나 하고 가세요."

라고 어머니가 말하자. 비단 장수는 "이 댁은 처자들도 많소 잉." 하자 "모두가 딸들이요." 라고 어머니는 말하였다. 그 날은 친정에 온 둘째 언니와, 손위 올케, 나, 막내 까지 마루가득 앉아 상추 솎음을 무쳐 가죽 나물을 넣고 양푼 가득 비벼 먹었다. 총각 어머니 눈에는 아가씨들이 많아 도통 알아볼 수가 없었다. 식사 후 비단 장수는 뭉구적거리며 열려진 방을 기웃기웃 거렸다. 내 방을 내다보면서 "큰 애기는 편물도 짜네요 잉." 하면서 한참을 바라보았다.

나는 광주에서 편물 학원을 다녔고 가족들 봄옷을 짜는 중이었다. 이곳저곳 살펴본 후 비단 장수는 "나는 비단도 쬐까 이고 와서 벌려 놓토 않을라요. 부잣집이서 물건도 맘에 안들 것 같고 해서." 속엣말처럼 하더니 멋쩍게 총총걸음으로 나갔다.

그 후 아무 일 없는 일상이 시작되고 가을이 되자 선자리가 나왔다. 이숙께서 잘 아는 부잣집 아들인데 꼭 혼사가 성사되게 해달라는 부탁을 받고 중매를 섰다. 나는 시골이 싫다고 반대를 했다. 오빠 친구들이나 아는 분들의 청혼이 아버지 수첩을 가득 메웠다.

그해 가을 광주에 사는 언니한테서 연락이 왔다. 비단 장수가 언니네 시어머니의 질녀였다고 했다. 비단장수 아주머니는 고향 내려온 김에 친정이나 들렀다 간다면서 주암 당숙모를 보러간 것이다. 총각 어머니가 당숙모를 만나 선본 이야기를 시작했다. 가만히 듣고 있던 당숙모는

"하이고 해필 그집이 우리 사돈집이네! 둘째 며느리 친정이여."

"어메 그라요. 헌디 그 집은 딸도 왜 그리 많다요. 큰애기가 어떤 놈인지 도통 모르것 습디다. 그중 맘에든 아가씨가 있는디 내 며느리감이면 좋컷는디요. 집안 알고 당숙모 사돈이고."

"그러믄 며느리가 광주산께 담에 물어보세! 요럴 때 전화가 있으

면 얼매나 좋을까 잉.”

그 후 광주에 사는 형부와 총각 아버지와의 편지 중매가 이어지고 있었다. 그러던 중 언니한테서 편지가 왔다. 광주에 와서 총각 한 번 만나보고 가라는 소식이었다. 시골 아가씨와 총각은 부모님이 먼저 선 본 후 얼떨떨한 마음으로 데이트를 시작했다.

그리고 일여 년 후 아가씨 부모님은 총각 직장으로 선을 보러갔다. 사윗감 총각은 구내식당으로 모시고 가서 차를 대접했다. 그 시절 시골 문화는 자연 곡주나 꿀차 과일 견과류 등을 대접하였다. 도시의 홍차를 한 번도 맛 본 적 없는 어른은 찻봉지를 찢어 찻잔에 털어넣고 떨떠름한 차 한 잔 얻어먹고 결혼 승낙을 했다.

그녀는 꾀 많은 비단장수 시어머니가 바라던 며느리가 되어 사십여년의 여정을 알콩달콩 모시며 살았다. 우여곡절 끝에 만난 인연이었다. 이처럼 인연은 인연 대로 만나고야 만다는 것을 보여준 셈이었다.

애썼다. 고생했다

1970년 무렵은 9급 공무원 급여 중 연금이라는 명목으로 공제된 액수가 너무나 아까웠다. 작은 봉급으로 부모님을 모시며 아버님 암 투병 기간이 육여 년이나 되었다. 무일푼으로 자식고생 시켰다며 어머니는 속 마음을 내게 털어 놓았다.

어머님과 아버님은 동갑내기시다. 두 분의 결혼 첫날밤에 일어난 일과 동생인 외숙 이야기를 나와 마주 앉으면 명주실처럼 뽑아 내셨다.

"그놈의 가죽 허리띠가 문제여야. 초래청이 끝나고 동네 대소가가 모여 한판 동상여 내라고 신랑 발바닥 때리는디. 아부지 살던 동네 아저씨가 마을 처녀가 다 죽어간다고 왔드란 말이다. 어째 그런가 봤드니 상사병이라고 안 그러냐! 이 병은 사랑헌 남정네 가죽 띠를 삶아 묵어야 낫는다고 헌 병인께 의심 없이 허리띠를 풀어 줬제. 신행하고부터 아버님 좋아 헌 여자들이 얼매나 많은지 내 속은 짠지로 상했제."

그 좋은 전답 다 없애고 6 · 25사변을 겪으며 살아온 이야기가 구구절절 가슴이 시렸다. 측은한 어머님을 살아 계신 동안 정성을 다하여 섬기려고 마음먹었다. 어머님 모시는 동안 대전 둘째 외숙께서 일 년의 반은 우리 집에서 숙식을 하며 살았다.

계룡산 미륵도사를 믿으라는 것이다. 거기에다 이모님 두 분과 큰

외숙까지 모셔와 늘 북적거렸다. 외숙은 알 수 없는 주문을 외우고 날마다 정신 세뇌를 시켰다. 방학 때면 어린 딸까지 데려와 이 장 저 장 다니며 20여 년간 도 닦는 교주 역할을 하며 지냈다. 참을 수 없는 것은 집 팔아 이사까지 가자는 것이었다. 시도 때도 없이 부엌데기가 되고 한 달에 쌀 한 가마가 부족했다. 거동이 불편하실 때부터 오시질 않았다.

어머님은 연세가 드시면서 햇볕 드는 방문을 살짝 열어두고 스치는 내 발자국 그림자를 살폈다. 혹 춥지 않나 싶어 팔굽으로 사르륵 문을 밀면 다시 퉁하고 열린다. 노심초사 하나뿐인 며느리가 어디를 가거나 오거나 모든 일에 참여하고픈 염려의 관심이 강박증으로 나타났다.

"나는 니가 없으면 늘 걱정시럽다 잉."

그렇게 말씀하시며 꽁꽁 당신 품안에 나를 묶어두려 했다. 남편 퇴직 후 곁에 앉혀놓고 "혹시 젊은 남자한테 전화 온가 지켜봐라 잉. 여편네들이 돈 있으면 춤바람난께 봉급도 쬐까씩 줘라잉." 등 당신이 뒤따라다니지 못함을 애석해 하며 열심히 고했다. 그리고 며느리가 바람이나 난 것처럼 실눈을 시르르 감아 흘기며 쯧쯧 혀를 찼다. 나는 답답한 마음을 달래려 산행이라도 다녀오는 날이면, 지팡이 짚고 이웃집을 다니며 우리 며느리 산에 갔는데 언제쯤 오냐며 묻다가, 직성이 덜 풀린다 싶으면 남편 친구 집마다 전화로 알렸다.

낮과 밤이 바뀐 어머니는 일찍 초저녁에 주무신다. 그런 후 아이들 귀가 시간이면 일어나신다. 네 명의 손주가 모두 집에 올 때까지 신발을 더듬어 크기를 구분해 두었다 빠짐없이 아들에게 보고를 했다. 그렇다고 누구하나 할머니의 지킴에 대하여 반기를 들거나 화를 내지는 않았다. 더 조심하고 아빠께 야단맞지 않으려 애를 썼다.

우리 부부는 모임이나 볼 일이 있어 나갈 때면 "나는 혼자 있으면 무서워야! 그렇께 일찍 오니라잉." 먼저 당부하였다. 간혹 차가 밀리거나 지체가 되면 이웃 사람들을 불러다 놓고 빨리 오라는 폰이 열 번은 더 울린다. 어머님은 점점 아이가 되어가고 남편도 어머니처럼 똑같이 닮아갔다.

어머님은 89세 동안 큰 병환 없이 3개월간 대소변 내게 맡기고 누워 계셨다. 아들이 안고 며느리가 넣어준 식사를 하시며 즐거워하셨다. 아버님과 살면서 속 썩인 세월, 손주들과의 즐거움, 40여년간 외며느리 간섭 하다가 마지막 말씀은 "나 수발 허니라 애썼다. 고생했다." 였다.

그 말을 듣는 순간 그동안 쌓였던 시집살이의 시름이 눈 녹듯 삭아 내렸다. 나도 며느리를 맞이하고 외손주까지 데려다 학교 보내는 할머니이다. 어머님이 돌아가신 날 아침 뜨거운 물수건에 온몸을 닦고 드라이로 머릿결을 말려드렸다. 어머님은 아이 잠들 듯 며느리 품안에서 생을 마감하셨다.

어느 해 남편의 발이 몹시 아팠다. 나와 남편은 유명하다는 한방병원엘 갔다. 함께 진찰을 받는데 원장님이 남편 침대로 향했다. 하시는 이야기는 선생님께서는 "마누라 애간장을 얼마나 썩혔으면 쓸개, 간이 다 녹았네요."라고 했다. 듣는 순간 참고 또 참고 살아왔던 눈물이 주체 못하게 왈칵 쏟아 졌다.

내가 살아온 동안 지금이 제일 행복한 때이다. 염려해 준 자식들이 있고 다달이 나오는 연금 덕분에 이곳저곳 여행도 한다. 돌아올 때마다 그렇게 기다리는 어머님 기침소리가 들리는 듯하다. 처음에는 늘 죄송스런 마음으로 어머님 영정 사진을 보면서 '잘 다녀왔습니다'라고 했다.

그동안 부모님 지킴이로 동반자인 남편 지킴이로 아이들 지킴이로 내 젊음을 바쳤다. 고희가 된 요즘은 노인복지센타에서 배울 거리가 많다. 어머님이 염려하시던 건강춤도 추고 하모니카도 배우며 활동한다. 남편은 "춤출 시간 늦었네" 하면서 시간을 알려 준다.

망각

그날 이후 우리 부부는 늘 농담 같은 진담을 하며 살고 있다.

"여보! 오늘 걸려온 전화 없소? 핸드폰이라도"

"많이 왔죠! 땅투기, 우체국 등기우편, 싼 이자대출, 검찰청 보이스피싱, 고기 쎄일까지 셀 수 없는 전화에 귀가 따갑네요!"

"그 전화 말고 돈 찾아가라는 전화 말이시!"

"하하하 알겠네요! 그 복돈."

3년 전 일이다. 늦둥이 막내아들 결혼 날을 받아 놓고 폐물을 보러갔다. 금값이 입을 짝짝 벌릴 정도로 치솟기만 하여 미리 서둘러 맞추기는 했지만 준비된 돈이 없어 장가보낼 때 쓸 적금을 해약해서 찾자는 결론을 내렸다. 남편은 "요럴 때 어디서 돈 벼락이 안 떨어지나. 나이 들어 자식 여우기가 여간 힘드네."

"언제 저축해 놓고 자식 여웠소. 부모님 모시며 넷을 가르치고 이제 막내를 여우니 진이 빠져가네요."

칠십 넘은 나이에 이것저것 신경 쓴다는 것이 한편으로는 즐겁기도 하고 힘들기도 하여 우스개 소리를 하는 중이었다. 그때였다. 전화벨이 울렸다. "어이 쓰잘데기 없는 전화 얼릉 끊어 불소 잉." 나는 알았다는 눈치를 보내고 수화기를 들고 조심스레 전화를 받았다.

"여보세요. ○○씨 맞습니까?"

"네, 그런데요."

"여기 ○○은행인데요. 돈 찾아가세요."

"무슨 돈요?"

"정기적금인데요, 전화번호를 찾느라 애먹었습니다. 내일 꼭 나오세요."라며 전화를 끝냈다. 나는 '야밤에 무슨 찰시루떡 같은 이야기냐'며 우두커니 남편을 쳐다보았다. 아무래도 보이스피싱이 아닐까. 하며 고개를 갸웃거렸다.

"여보 내일 은행으로 돈 찾으러 나오래요."

"이상 허네. 혹시 자네 혼자 가서 봉변당할까 무섭네, 나랑 같이 가세 잉. 세상이 하도 무서웅께 말이시."

그날 밤 나는 그동안 들어온 문자를 곰곰이 생각해 봤다. 00은행에서 몇 차례 돈 찾아 가라는 문자가 들어올 때마다

"여보 내 핸드폰에는 돈 찾아 가라는 문자가 오는데 별일이야?"

"행여 알아볼라고 생각도 말고 지워 뿔소 잉. 통장번호나 비밀번호 가르쳐주면 중국에서 빼가 뿐다네."

참인지 거짓인지 횡설수설 그동안 일들이 떠올라 잠을 이루지 못했다. 더군다나 남편의 성격상 그 많은 돈을 안 찾을 리 만무했다. 지금껏 살아온 동안 빨랫감 주머니 속에 동전 한 푼 담겨 있는걸 보지 못했다.

이튿날 남편과 나는 이른 시간에 집을 나섰다. 아들이 첫 봉급 탈 때부터 정기적금을 들던 ○○은행으로 갔다. 장가가기 전 돈의 중요성부터 깨달아야 한다는 목적으로 객지에서 이곳 ○○은행으로 적금을 들게 하였다. 목돈이 되면 정기예금을 넣어놓고 아들의 돈이 불어가는 재미에 버스를 타고 다니며 들락 거렸다. 그 돈으로 전세도 얻고 다시 작은 집도 샀다.

그러다 보니 내게는 별 돈이 없어 이자를 떼어가지 않는 생계형 저축 몫이 비어 있었다. 남편은 내 도장과 주민등록증을 가져가 새 통장을 만들어 썼다. 나는 컴퓨터를 배우고부터 인터넷을 개설하고 집 전화와 핸드폰 까지 교환해 버렸다. 남편이 관리한 돈들은 모두 찾아 집 사는데 쓰고 빈 통장들은 모두 찢고 그 속에 숨어 있는 내 이름으로 된 정기예금마저 눈여겨보지 않고 다 태워 버렸다.

남편과 나는 통장도 없이 주민등록증만 가지고 ○○은행으로 갔다. 전화해주신 부장님이 반겼다. 전화번호가 모두 틀려서 애먹었습니다. 라며 자초지종 이야기를 하였다. 남편이 예전에 써왔던 비밀번호와 내 주민등록증을 내밀자 일천만 원이나 되는 돈이 수표로 찍혀 나왔다. 고마운 마음에 약간의 종자돈을 예금 하고 '이게 무슨 돈 벼락이야!' 내심 흥분된 표정을 감추지 못하고 있을 때 "어이 나이빨 하는데 얼마가 필요하네" 하면서 잔돈을 가져갔다. 남편과 나는 복권에 당첨된 듯이 택시를 타고 집으로 왔다.

그리고는 금방으로 달려갔다. 당장에 깨져야 할 통장이 남아있고 아이들 손가락에 빛날 금붙이를 집으로 가져 왔다. '내 생애에 이런 일이' 하면서 가슴이 벌렁거렸다. 아무래도 명과 복은 하늘에서 내린다더니 잊었던 통장 덕분에 수월하게 막내 아들 예식을 치렀다. 망각 소의 통장 때문에 두고두고 잊지 못 할 추억이 되었다.

흔적

어느 날 TV 에서 모 前대통령의 등갈비뼈 사이에 침이 들어있다는 뉴스를 보면서 깜짝 놀랐다. 소녀적 소름끼친 날 밤의 기억이 되살아났기 때문이다.

초겨울 밤 뒤란의 청댓잎 사운거리는 틈 사이로 부엉이의 음습한 울음이 내려깔렸다. 사랑방의 일꾼들 농익은 재담이 새끼줄로 꼬아지고, 가마니틀에 오르내리는 보디집이 갈고리에 물린 지푸라기를 짜임질할 때마다 벽 허물어지는 웃음소리가 창호문 밖으로 새어나왔다. 감나무 위에 얹어놓은 감홍시를 몰래 먹은 입가에 단내를 풍기기 때문이었다.

초저녁부터 군불을 지핀 별채의 황토방이 따끈 거리고, 통치마 입은 풋댕기 처녀들이 펄럭거렸다. 저마다 끼고 온 반짇고리 속에는 시집갈 때 가져갈 용품들을 수틀에 메워 호롱불아래 비-잉 둘러앉아 십자수를 놓았다. 나는 언니들 틈에 끼어 해진 양말을 기웠다. 저녁마다 주전부리로 얼려먹던 고구마 생각이 나서 소쿠리 가득 담아 툇마루에 내놓고 방으로 들어가는 순간, 저고리 섶에 꽂은 바늘이 죽석 방바닥에 소르르 내려 꽂혔다. 그런 줄도 모른 채 철퍼덕 행감을 치고 앉자마자 따끔하더니 실 꿰어진 바늘귀 쪽만 죽석자리에 꽂혀 절반 이상이 사라졌다. 무릎 바로 옆 편으로 주사바늘 구멍만한 붉은 흔적이 있을 뿐…….

前대통령은 한의사의 부주의로 침이 들어갔지만 나는 바늘쌈에 꽂아야할 바늘을 나의 옷에 꽂은 게 실수였다. 침은 건강을 위해 쓰이지만 바늘은 옷을 깁고 수도 놓고 꾸밈질을 하기 위해 쓰이는 도구이다. 작은 가시라도 뻴 경우 호롱불에 소독을 하고 콧김이라도 쐬야만 독을 예방했다.

"언니야! 어찌까. 바늘이 살 속에 들어갔어."

"뭐여, 멋이 들어가? 그런 것 들어간 사람 첨 봤다. 어쩔끄나. 얼릉 가서 말하고 올텡께 깊이 못 들어가게 조심하고 있어라 잉."

부모님과 오빠가 뺀찌와 지남철을 들고 내 다리에 꽂힌 바늘을 빼기위해 득달같이 달려왔다. 그러나 살 속으로 깊이 스며든 반쪽의 바늘은 어떤 힘센 장사도 그림 속의 떡 보듯이 요리조리 바라만보다가 씁쓸히 입술만 다셨다. 드디어 어머니의 한숨 섞인 걱정이 궁시렁거렸다.

"호랭이 물어간다. 털퍽사니 맹키로 나대더니 이런 일이 생기제!" 하시며 혀를 찼다.

사랑방에 놀러왔던 마을 분들도 일손을 멈춘 채 바늘을 빼내지 못했다는 말을 듣고 자기네 일처럼 근심어린 말들을 한 마디씩 거들었다.

"바늘은 핏줄을 타고 흐르다가 심장에 꽂히면 죽는다고 앙그러등가. 그뿐인가 팔도 잘렸다는 이야기도 있데그려!"

"글쎄 말이시! 파상풍도 무섭다네. 이발할 때 면도 잘못하여 죽은 사람도 있다등만!"

난무하는 억측의 이야기가 콩닥거리는 맥박을 찔러댔다. 공포의 반쪽 바늘은 내 몸 혈관 아니면 근육을 파고들어 밤새 수를 놓고 있는지? 병원은 어디로 갈 것인지? 혹은 일꾼들 바지게 위에 올라앉아 지게 다리를 잡고 갈 건지? 오만 가지 생각이 쇠줄 엉키듯이 밤새 헝클어졌다.

요즘 같으면 119를 불러 길거리를 앵앵 거리며 응급실에 실려 갔을 것이다. 그리고 MRI 통 속에 들어가 온 몸 구석구석 촬영을 해서 어디에 박혀 있는지 금방 알아내 수술을 했을 것이다. 날이 새자마자 병원 가자는 아버지를 따라 나섰다.

아버지는 구렁쟁이로 넘어가는 꼬불꼬불한 샛길로 접어들었다. 논밭을 지나 보성강 여울목까지 가는 동안 말 한 마디 없었다. 다만 나를 점령한 뾰족한 쇠붙이와 함께 맨발을 벗은 채 강물위의 징검다리를 딛고 건널 때마다 시린 발목은 나를 꽁꽁 얼렸다. 지금처럼 흔한 버스나 자가용은 물론 달구지마저도 없는 산골이었다. 감기약 한번 먹어본 일 없이 늘 할머니의 단방약이 우리들의 유일한 건강 지킴이었다.

한 시간 남짓 걸어 도착한 곳은 죽곡면소재지 ○○약국 간판이 붙은 곳이었다. 당시엔 약국이 종합병원 행세를 했다. 약국 주인은 큰아버지가 병원하실 때 등 너머로 배운 기술로 우리지역 농촌 사람들을 위해 많은 도움을 주셨다. 그래서 의원님이라는 호칭이 붙었다.

자초지종을 들으신 의원님은 바늘이 들어 간 곳부터 시작해서 광맥 찾듯 꾹꾹 눌러 아픈 곳을 말하라고 하셨다. 감각적으로 한 뼘쯤 내려와 엉뚱한 곳에서 진단이 완료되었다. 수술실도 없이 방바닥에 발을 내밀고 빤히 눈뜨고 보는 앞에서 주사 한 대를 맞았다. 사금파리에 베이듯 칼날이 새파랗게 불똥을 튀었다. 살을 지탱해준 거죽이 열리자 입 벌리듯 물고 늘어진 집게들이 양옆으로 줄을 섰다. 혈관을 흐르던 장밋빛 선혈이 거즈마다 꽃을 피우듯 닦여지고, 울음 달래듯 소독약이 거품을 물 때 보물이나 캐내듯 집게가 살 속을 이죽거리다 휘적거리다 뼈 사이를 짓뭉개 문질렀다.

그때였다. 짜글거린 '쇳소리'와 함께 예리한 촉각이 번개 튀듯 살점과 함께 '뿌지직' 뽑힌 검게 변한 물체……. 몸속의 염기에 동화되어 마지막 행로를 찾다가 끝이 휘어진 채 시체가 되어 빠져 나왔다.

그 순간, 아버지의 가슴 속이 탄 만큼이나 새까만 바늘. 단번에 근심걱정을 놓아버린 집게들이 맥없이 제자리를 찾아들고, 퉁방울 같은 아버지의 눈빛이 콧잔등 위로 천천히 내려앉을 때 양어깨가 헛기침과 함께 꼿꼿해 지셨다.

산통을 겪은 발목 복숭아 뼈 사이는 수틀에 십자수 메우듯이 기워지는 명료한 손길이 있어, 많은 세월 속에도 변하지 않는 흔적으로 남아 발을 씻을 때마다 뜨겁게 따끔거린다.

나 할 말 있소 · 1

한 달여 동안 집수리하느라 웃을 여력이 없어져 입 꼭 다물고 멀뚱거리며 밥을 먹는 둥 마는 둥 허고 지냈재라우. 당신 얼굴 주름이야 볼래대로 골이 패여 양반 가면처럼 보이지만 이번만은 쬐까 더 쪼골거린 것이 암만 보아도 칠십 살 노인이 다 되얏소! 그려.

허기사 두암동 집으로 이사 온 지가 아그들이 고등학교, 중학교, 초등학교 댕길 땡게요. 지금 큰애가 40십이 넘었씅께 우리 몰골이 요 모양이 된 것은 당연지사 아니 것소! 참 세월 좋아졌재라잉.

옛날 시집 올 때 생각이 난디. 확독에 도굿대로 고추 갈아 큰방 집 개똥이 엄마, 상하방 화순이 엄마, 길수 할매, 우리 연호 보듬고 놀면 버무린 김치 쭈욱 찢어 밥 숟갈 위에 얹어 맛있게 먹던 젊은 시절이 그립구만이라.

내가 당신 허고 사는 동안 오장육보 쓸개까지 꺼내 농께 살았제, 안그러면 폴세 도망 가부렀을 것이요. 병명도 모르고 시도 때도 없이 맥박이 벌떡거린 그놈의 지긋지긋한 병에다가 비만 오면 웬수놈의 신경통. 하루도 마음 놓고 산 적이 없었소. 그것뿐이라면 말도 안컷소. 스트레스 푼다고 술을 댓병으로 마시고 들어와 뒤처리는 말이 아니었당께라우. 개똥이네 살 때, 얼마나 술을 많이 먹었는지 집을 못 찾아 밤 내내 돌아다니다가 들어와 기관지 확장증으로 숨을 못 쉬어 파랗게 죽어가는 당신을 보면서, 실가리국에 고춧가루를 풀어 기절한 입에다 떠 넣자 엣취를 골백 번 한 뒤 침을 질질 흘리며 커억커억 하다가 날숨을 쉴 때 그 밤은 고춧가루 국물이 살려냈당께라우.

구구절절 살아온 이야기가 이리도 많을 께라우. 멋이냐! 그런 통에도 어머니와 당신은 시도 때도 없이 나를 볶아 댔으니 돌아가신 부모님 험담이라고 생각마시오 잉. 여자들 한 세상이 참다가 병만 담뿍 안고 늙어가는 구만이라. 노인들 아집은 당할 사람 없었구만이라.

질로 없는 것 했다고 헐 때가 난감허재라. 가슴을 열어 보일 수도 없고 오장을 끄집어 낼수도 없는디, 그렇다고 싸울 수도 없었소. 볼래가 싸움 같은 것 싫어했으니께.

애시당초부터 당신이 내 마음을 알았으면 한 번쯤 달래라도 주었으면 덜 서러울 것인디. 목에 힘주고 고것 떨어질까봐. 사과도 한번 못 받아 봤으니 지금도 억울한 것을 풀지 못했소.

허기야 어머니가 똥이 달다면 달다고 맞장구를 쳤으니까. 어머니 사랑이 깊은 줄 모르는 것도 아니지만 옳고 그름을 판단하는 그런 지아비였으면 하는 나의 바람일 뿐이었죠.

지금 아침 일곱 시가 돼얏내요. 쬐금 있다가 쓸라요 잉.

아그들이 커감시롱 아침이면 그놈의 도시락을 일곱 개씩 쌌고 식구가 여덟 명이나 된께 먹고 사는 것이 보통이 아니었당께라. 그런 판에 대전 외숙님은 생전 처음 듣는 요상헌 사이비 종교를 믿으라고 쇠뇌교육을 시키면서 딸 까지 데리고 와 묵다 가셨당께라.

수연이 태어나서 이레도 지나기 전 아버님은 폐가 이상이 있다하여 치료를 시작 하였고, 칠 년 후 명호 두 살 적에 병이 악화 되면서 일 년을 꼬박 투병 생활에 들어 갔당께라. 그때 아이를 업고 죽 쑬라, 식혜 할라, 세끼 진지상에 내 허리가 고장이 나 뿌렀소. 일어나도 못하고 살면서 날마다 애기 띠를 허리에 동여매고 벽에다 줄을 달아 잡고 일어나 병수발을 했제라, 그때는 젊었승께 했제! 죽을 맛이었구만이라.

돌 지난 명호는 선풍기도 없는 산수동 서향집에서 밤마다 울다 울목 장롱에다가 이마를 찧어 남북이 가라앉을 새가 없었는디, 땀띠엉이가 온 얼굴에 잔뜩 나 밤마다 떼를 쓰는 디 생각만 해도 사는 것이 끔직 했소. 그래도 아버님 병수발을 어머니가 들어주셔서 다행이었소. 와중에 어머님과 아버님이 줄곧 싸우셨는디 달래느라 영판 힘들었을 때가 한 두 번이 아니었구만이라. 화를 못 삭혀 상하방에 혼자씩 누워 계셨는디 포도시 달개는 때가 다반사였소. 병마는 아버님을 괴롭혔고 어머니는 그년들 허고 지내면서 돈 다 없애고 죽을랑께 자식 돈 다 없앤다고 아버님을 들볶았응께라.

아버님은 일 년 후 병을 못 이기고 돌아 가셨뿌렀지요. 그렇게 싸우던 날들이 무색허게 어머니는 마음을 안정 못허고 무당집을 전전하시며 아버님 소식을 알고 오셨당께라우. 함께 계실 때 몰랐던 정을 무당 헌태 확인하러 댕기셨구만이라.

그때부터 어머님 모시기가 힘들었제라. 아버님 젊었을 때 할량으로 사시면서 출장지마다 각시를 두고 지내다가 직장 떨어지고 돈 없어징께 우리집에서 함께 살면서 어머니한테 볶기다가 눈을 감았서라우, 그 후는 간섭할 사람이 없으니 그 성격이 어디로 가것소.

그 때부터 어머니는 며느리인 나를 시아버지처럼 사사껀껀 간섭에 들어갔고 나는 그런 세상을 처음 맛보았소. 부모님께 불효는 내 자식에게 첫 번째 가르치는 불효의 교육이 될 것 같아 얼레고 달래고 별별 사랑을 퍼부어보았지만 노인의 아집은 끝내 변하지 않았고 89세의 연세로 돌아가실 때 석 달 동안 대소변을 받아내면서 눈 속에 담겨있는 어머니 마음을 읽었제라. 고생했다고 헌 그 말씀. 사십 년이 다 된 세월동안에 들은 끝마디였당께라.

나 할 말 있소 · 2

한 여름이 됭께 작은 화단에 심은 포도나무가 지붕 쪽으로 묶은 줄을 따라 주렁주렁 열려 보기만 해도 춤이 꿀꺽 넘어갔구만. 전에부터 어머니는 무릎이 아프다고 했쌍게 내 맘속으로는 효도를 해볼까 허고 서방장으로 갔는디. 배추 한 단 사고 청둥오리 큰 놈으로 잡아 담고 고등어 한 손까지 보따리에 이고 버스비 아까와서 산수동 집까지 숨이 차게 걸어 왔지라.

흘린 땀이 등골을 따라 뚝뚝 떨어징께 속옷이 척척허고 얼굴은 삐레 갖고 죽겄는디, 세 살배기 막둥이가 골목에 노는 아그들을 모두 데려와 마루에서 시끌벅적 놀고 있든구만. 탁탁 딱지소리가 나고 우리 집 꼬맹이는 한쪽에서 연방 무엇을 만드는 눈치엿제. 얼릉 부엌에다 내려놓고 나와 봉께 엊그제 들여놓은 계몽사 책을 마루에 잔뜩 꺼내놓고 한 장씩 뜯어 딱지를 만들어 치고 있었제라. 컬러만화로 된 그 비싼 월부 책. 아직 한 번도 값을 주어보도 안했는디. 그뿐만 아니라, 마당에는 초등학교 1,2학년 또래가 장대를 가져와 대롱거리는 포도를 몽땅 후들어 마당에 초록구슬이 굴러 다녔제라. 어머니는 그때 주무시고 계셨는디 지금 딱 내 나이 였구만이라.

아이만 혼장을 내어 화를 삭히고 청소를 한 뒤 김치를 담았제라. 그 다음 어머니 오리곰을 만들었는디 항아리 속에다 오리를 넣고 소주 큰 것 한병 붓고 접시를 덮어 밀가루 변을 붙인 다음에 큰 솥에다 넣고 연탄불위에 밤내 자글자글 고왔제라.

헌디 나는 칭찬 좀 듣것다고 부지런히 고등어를 손질해 뼈를 볼라내고 온갖 양념을 다해 부침개를 맨들고 새 김치에다 저녁 차릴 준비를 하고 있었당께라. 퇴근한 그이 발을 씻어 주마고 세숫대야에 물을 떠 주면서 담그라고 했을 때, 갑자기 대야가 내게로 날아 왔지라. 영문 모른 나는 물을 뒤집어쓰고 오늘 재수가 없씅께 별일이 다 많다고 궁시렁 거리자. 그이 말 "왜, 오리곰에다가 소주를 적은 걸 붓었써?"

"엄마 약해주라고 돈 하나도 안 준 사람이 뭘 따져요."

"됫병을 붓어야 약이 된다는디 무슨 소리여!"

"그럼 이 병은 됫병이 아니고 두 홉들이요."

됫병을 눈앞에다 확인시키고 나니 방망이로 얻어맞은 슬픔 같은 회한이 밀려 왔당께라. 아이들 눈치 안 채게 맛나게 만든 고등어 부침개에다 저녁을 먹이고 잠을 자는디, 그놈의 텔레비전은 밤 12시까지 틀고 동해물과 백두산이가 나오자 어머니는 당신 방으로 주무시러 갔당께라.

밤 내내 내 마음을 얼레었제라. 어머니가 약을 잡수고 효과 있기를 바라면서 불편한 내색을 하지 않았지라. 증탕은 물이 보타질까봐, 밤새도록 들락거리며 삶았는디 아침이 되자 고아진 오리곰 냄새가 집안을 휘어 감았어라. 접시에 붙인 밀가루 변을 조심스럽게 따고 국자를 넣어보자 폭 삶아져 뼈와 살이 흐물거리드랑께라.

상위에 수저와 큰 대접의 오리국을 어머니 앞에 대령했제라. 그리고 부엌치우느라 바쁜 손을 놀릴 때 누나께서 집에 왔지라.

"어머니 무얼 잡수세요."

"야가 오리곰을 해 주었는디 쇠주를 쬐깐헌걸 붓었단다."

그 말을 안 들었으면 좋을 걸. 어젯밤 아들한테 말하더니 다시 딸한테 일러바친 속마음이 무얼까 싶드랑만요.

"어머니 소주가 무었이 중요해요. 제 마음의 정성이 중요한 거죠."

"어이 동숭, 노인들은 뻘 소리를 해쌴 것이 병이랑께. 이해 허소잉. 나는 딸이 되야갓고 아무것도 못해 드렸씅께 헐 말이 없네."

다시 침을 꿀꺽 삼키고 약되게 많이 잡수랑께요. 하고는 문을 닫았지라우. 그후 어머니는 내가 만든 소주곰을 열 마리 넘게 잡수셨구만이라. 하루는 볼 일이 있어 어머니께 부탁을 하고 나갔다 온께, 덜 고아진 국물을 드시고 계셨제라.

"왜 삶아지지도 않은 것을 잡수세라."

"이것 삶는디 보통 정신이 안들드라. 통 잠을 못 잤는디. 나중에는 쇠주를 작은걸 붓어라."하셨당께라.

자네 과부 될 뻔 했네

골목 깊은 한옥 집 상하방에는 백열등만이 퇴근할 주인을 기다리고 있다. 나는 보채는 아이를 재우느라 자장가를 부르다가 어느새 선잠이 들었다.

"어이 어어이" 부르는 소리에 설든 잠에서 깨어나 신발을 끌며 대문간으로 나갔다. 대문 빗장은 누가 열든지 '삐그더억' 소리를 내며 열렸다. 깜깜한 곳에 서있는 그이를 보면서 들어오라 손짓만 하고는 부엌으로 종종 걸음을 쳤다. 연탄아궁이 위 솥에서 따뜻한 물을 대야에 떠다놓았다. 아이가 잠든 틈에 부지런히 밥상을 차릴 셈이다. 국과 반찬을 놓고 상을 들고 방으로 갔으나 있어야 할 사람이 방에도 없고 대문간을 나가 보아도 흔적이 없었다.

잠자는 아이를 두고 평소 잘 다니는 출퇴근길을 한 시간 정도 찾아보았지만 사람은 없고 진땀만 등골을 타고 주루룩 흘러내렸다. 동료들 사이에서 법 없이도 살 사람이라는 그이는 언제나 침착했다. 하지만 소리 없이 사라져 통금시간인 밤 12가 되도록 무소식이니 걱정이 태산이었다. 시골 같았으면 도깨비에게 홀렸다고나 할 법하다.

갑자기 유년시절의 아버지 생각이 떠올랐다. 집에 오실 시간이 늦은 날이면 나는 항상 등불을 들고 일꾼을 따라 귀신이 나온다는 서당골을 지나 마중을 나갔다. 보성강 배를 건너 캄캄한 밤길을 흐트

러짐 없이 꼿꼿이 걸어오는 모습을 늘 보았다.

그러던 어느 초 가을밤에 생긴 일이다. 군청 회의에 가신다던 아버지는 늦은 시간까지 오시질 않았다. 어머니는 우리집 사랑방에 마실 나온 장정들을 석곡과 죽곡 두 길로 나누어 내 보냈다. 밤이 깊어서야 등에 업혀온 아버지는 미간이 찢기우고 얼굴이 일그러져 알아 볼 수 없는 많은 상처가 나있었다. 날이 샌 후에야 의사가 왔다. 피를 많이 흘려 살아나신 것이 기적이라고 했다. 얼굴 어깨 할 것 없이 붕대로 감고 있던 핏기 없이 누런 옛 모습이 눈에 선하다.

술 때문이었을까? 통행금지 싸이렌이 귀청이 떨어지게 '웽~~웽~~웽' 온 시내에 울려 퍼졌다.

그때 골목 입구쪽에서 저벅저벅 구두 발자국 소리가 났다. 잽싸게 일어나 대문 밖으로 나가보니 날씬한 몸매의 그이가 휘청 거리며 걸어오고 있었다. 반가움에 덥석 손을 붙잡았더니 얼음장처럼 차갑다. 서너 시간 정도 걸었다가 나타난 것이다,

"어디 갔다 이제와요. 대문 열어뒀는데."

"술 좀 약간 했는데 방향감각을 잃었어. 남의 집인 줄 알고 다시 사무실로 되돌아갔지. 원점부터 방향을 잡아 포도씨 찾아 왔네."

어이없는 설명에 기가 막혔다.

"늦었으니 식사 먼저 하고 씻어요."

시래기국을 데워 아랫목에 묻어둔 밥과 함께 상위에 놓았다. 윗도리를 걸어두고 밥상에 앉자마자 기침을 시작했다. 술 먹은 사람이 추운 밤바람을 쐬고 다녀서 그러려니 생각했다. 정신 못 차리도록 바튼 기침을 하며 들숨을 못 쉬고 '꺼억꺼억' 거렸다.

"숨이 막혀 답답해."

"왜 왜 그래요. 전화도 없고 택시도 없는디 어쩌라고."

나는 발을 동동 굴렀다. 그이는 목을 잡아 뜯으며 들숨을 못 쉬고 새파랗게 질려 '크으윽' '크으윽' 거리며 샛노랗게 변하고 있었다.

"아이고 나 죽네."

모로 누워 뒹굴어대더니 방바닥을 열 손가락으로 긁어댔다. 새파랗게 변한 그의 얼굴을 보면서 불현듯 시집오기 전 어머니가 시래기 국물에 고춧가루와 잼피(초피)가루를 섞어 타먹던 생각이 스쳤다. 급한 마음에 문을 벌컥 열고 맨발로 부엌 찬장에서 고춧가루통을 들고 들어왔다. 국물에 약간의 고춧가루를 풀어 들숨을 못 쉬고 뒹구는 입에다 떠 넣었다.

"삼켜 삼켜! 살려면 삼키라고."

주문처럼 큰소리를 질러댔다. '꺼우꺼우 꽤깩' 그이는 눈을 부릅뜨면서 국물을 마셔보려 하지만 정신이 흐려져 입언저리로 흐르고 말았다. 사경을 헤매고 있는 그의 등을 두들기며 빨리 병원 가자고 울며 소리쳤다. 알아듣는지 못 알아듣는지 "숨숨" 이라고만 했다. 얼굴이 점점 희놀놀하게 변하고 힘없는 몸은 고개를 뒤로 떨구고 비그르르 누웠다. 잡고 있던 손이 사르르 내 손을 빠져 풀어졌다. 내가 할 수 있는 건 고춧가루 국물뿐이었다. 또 한 숟갈을 맥없는 입에 가득 떠 넣었다. 매운맛 때문인지 사래가 들었는지 '캑캑캑 엣취 엣취' 국물이 모두 내 얼굴에 튕겼다. 튄 국물이 내 눈으로 들어와 아려서 눈을 뜰 수가 없었다. 그이는 연속 재채기를 해대며 들숨을 쉬려 무진 애를 쓰며 뒤척였다. 콧물 눈물 시래기 건더기까지 온통 얼굴이 밥상이 되었다. 수건으로 얼굴을 닦고 '크흐윽 꺼억' 대는 그의 얼굴과 입을 닦았다. 코맹맹이 울음 섞인 목소리로

"여보 나 인제 살았어. 어허이, 나…… 숨이 쬐끔 쉬어지네. 내 각시 돌팔이 의사가 날 살렸네 잉."

"아이고 인자 살았소. 내가 혼이 달아나 뿌렀당께. 당신이 죽으면 우리 애기허고 나는 어떻게 살 것이여!"

서서히 정신이 돌아오는지 몸이 따뜻해지며 얼굴이 불그스레 핏기가 돌았다. '컬럭컬럭' 기침을 계속 해대며,

"돌팔이 의사가 우리집 마누라라고 신고나 해볼까!"

트이지 않은 목소리로 슬슬 농담까지 했다. 밤은 깊어만 가는데 냄비 시래기 국물을 다시 데워 밥상에 올려놓았다. 달그락거리며 국물 뜨는 수저소리가 귀뚜라미 바스락대는 소리 같았다.

"하마터면 당신 과부될 뻔 했네."

그 이후로도 수십 번 과부 탈피와 돌팔이 주치의가 된 내 삶은 고희가 된 지금도 입씨름 중이다.

친정나들이

오빠가 직장을 고향으로 옮기면서 지붕에 기와를 얹어 수리를 하고, 부모님 산소를 밭 위쪽으로 모셨다. 울타리를 탱자나무로 빙 둘러 심고, 감나무, 배나무, 산수유, 매화, 오가피, 대추나무를 심었다. 과일나무 사이에 고추, 깨, 고구마, 콩을 심었으며 한쪽 귀엉치에 어우러진 솔, 머위대, 엉겅퀴, 도라지꽃이 만발했다.

야산 밤나무 밑에는 고사리 밭을 일구어 탐스럽게 고개를 내밀고 두릅, 복분자, 취 등이 함께 자라고 있다.

철따라 채소나 과일이 익으면 오빠는 형제들을 불렀다. 오월이면 고사리를 꺾어 큰 솥에 장작불을 지펴 삶아 고들고들 말려왔으며. 유월엔 매화, 죽순 철이어서 차례대로 아들, 딸, 형제, 친구까지 평일부터 주말까지 순서 정하여 전화로 부르셨다.

오늘은 우리 차례이다. 광주에서 동생내외와 고향집으로 향했다. 순천언니는 시골에서 만나기로 했다. 보성강 줄기를 구불구불 돌아 면소재지 다리를 건너 오전 열시 경에 집에 도착했다. 파랗게 자란 앞 논의 벼에 비료를 뿌리는 이장님이 반갑게 손을 흔들었다.

마당에 수많은 꽃들이 피었다가 지고, 자두가 파랗게 열려 보기만 해도 새큼한 맛에 침이 흘렀다. 보리수 열매가 빨갛게 익어 몇 개 따서 오물거렸다. 부엌 옆 백년 넘은 배나무 가지는 다 썩고 새순 돋은 가지에 파란 배가 조롱조롱 구슬처럼 달려있다. 잔디마당 앞

꽃나무 사이마다 벌통이 있으며 사랑방 남쪽 토방 쪽도 벌들이 꿀을 따오느라 윙윙거렸다. 우리는 밭으로 갔다.

밭 입구 헛간을 들어서자 누렁이놈이 컹컹 짖어댄다. 그 바람에 염소 새끼가 '에헤애' 울며 엄마 젖꼭지를 물고 머리로 쿡쿡 몇 번 들이받더니 쪽쪽 소리를 내어 빨아댄다. 허술한 방 앞쪽에 괭이, 호미, 낫을 나란히 걸어놓았다. 비료포대와 농약병들이 여기저기 흩어져 있다. 닭장 속의 암탉들이 '꼬고댁 꼬고댁' 울어댄다. 알만 낳으면 울어대는 닭들의 속내를 알 수 없다. 둥우리 속에 따뜻한 알을 꺼내 송곳니에 탁탁 부딪쳐 쭉쭉 소리를 내며 먹으면서 맑은 하늘의 새털구름을 본다. 누렁이는 우리가 하는 행동을 보면서 웬 도둑들인가 하고 눈에 핏기를 올려 컹컹 짖는다.

"요놈. 고모님들 계란 잡수신다. 조용히 해라."

오빠는 개 짖는 소리에 일하다가 손을 놓고 반갑게 맞이하신다. 우리를 청매실 홍매실이 다닥다닥 붙어있는 나무로 안내하였다. 휘어진 가지를 붙잡고 쌀포대 가마니 입을 벌려 약간 말아 세워놓고 따 담다가, 쌀포대 가마니를 바닥에 펴고 나무에 올라 매화를 두룩두룩 훑어 던졌다.

언니는 우산처럼 활짝 피어있는 고사리 밭에서 부지런히 손놀림하였다. 나도 언니 곁에서 아기손가락처럼 포동포동한 진 밤색고사리를 꺾어 망태에 가득 채웠다. 누렁이가 산등성이를 지키며 으르렁 거리고 물어뜯으려 달려든다. 헛간을 지키는 놈보다 사납다. 올케언니가 우리가 있는 곳으로 왔다. 산 속에 심은 열무와 상추를 한 바구니 가득 뜯어 함께 오면서 개를 붙잡아 주었다.

"왜 고사리꽃이 피도록 꺾지 않았어요?"

"한 차례 피어나게 두어야 포자가 떨어져 다음해에 많이 나거든

요."

자연적으로 씨뿌리기를 해야 다음해에 고사리가 나는 까닭을 알았다. 그리고 부러진 배나무를 가리키며 가을이면 멧돼지가 과일밭으로 와서 나무를 물어뜯고 망가뜨린 후 몸뚱이로 쿵쿵 쳐 배가 떨어지면 그것들을 먹는단다. 고구마 밭까지 주둥이로 파놓아 남는 게 없다고 했다. 누렁이가 지키면서부터 배가 달려있으며, 멧돼지가 산등성이 아래 칡뿌리만 파먹고 구덩이만 깊게 파헤쳐 놨다.

점심 식탁에 형제들이 둘러 앉아 오리로스구이에 열무와 상추쌈을 하며 오빠가 준비한 복분자술을 잔에 가득 부어 '이대로 구구팔팔'을 외치며 건배를 들었다. 달콤한 술은 형제들 얼굴이 복분자색처럼 붉게 물들게 했다.

참석 못한 둘째언니와 돌아가신 큰언니와 서울오빠 생각이 났다.

제부와 그이는 처갓집 추억담을 말하면서 대문간 똥돼지 새끼 애저탕, 흑염소 수육 먹었을 때가 최고의 맛이라고 깔깔 웃음보따리를 터뜨렸다.

식사 중 밖을 보던 오빠와 형부께서 벌이 새끼를 낳은 것 같다며 급하게 마당으로 나가셨다. 계속 쏟아져 나온 벌들은 여왕벌이 자리에 앉을 때까지 온 마당을 어지럽게 날아다녔다. 어미여왕벌은 새끼를 남겨두고 분가 한다. 자두나무 멍덕에 여왕벌이 앉았는지 벌들이 한 바가지정도 모여 디룽거린다. 나뭇가지에 엉겨 붙은 벌을 쑥뭉치로 쓸어 담자 '드레드레' 소리가 났다. 쑥 냄새를 싫어하는 벌들이 멍덕에 한 덩이씩 쓸려 들어갔다. 마당이 조용해졌다. 망을 머리부터 목까지 내려덮고 벌 새끼 받이를 끝냈다.

식사를 마치고 올케언니를 따라 마을 뒷산을 넘어 대밭으로 갔다. 대밭으로 가는 좁은 길에 풀들이 우거져 뱀이 나올 것만 같아 발끝이 간지럽다. 맨 앞장 선 올케언니 손에 낫이 쥐어져 있다. 구불구불 좁은 길을 지날 때마다 풀들을 낫으로 착착 뿌어대며 대밭 칡넝쿨들을 베어냈다.

곡식이 익을 때면 멧돼지들이 농사를 망쳐 놓아 논은 경작을 하지 않아 풀만 가득하다. 대밭 속으로 들어가자 보송한 털에 싸인 진밤색 죽순이 뾰족뾰족 솟아나는 것이 예쁘다. 멧돼지가 물만 빨아먹고 버린 시들어버린 마른 죽순껍질을 벗기려하자. 돼지가 먹은 죽순은 이빨에서 독이 나오니 따 담지 말라고 올케언니가 경험을 말해 주었다.

우리는 꺾은 죽순을 서너 군데 모아두었다가 두 사람은 칼로 죽순껍질을 가르고 두 사람은 꽁지 쪽부터 벗기기 시작했다. 껍질을 벗긴 샛노란 죽순을 자루에 차곡차곡 담았다. 쌀자루에 담은 죽순을 머리에 이고 수풀이 우거져 경사진 오솔길을 쪼그리고 앉아 더듬거리며 내려왔다.

집에 오자마자 큰 솥에 네 명이 이고 온 죽순을 차례차례 넣고 물을 붓고 솥뚜껑을 덮었다. 세 남자가 장작불을 때며 도란도란 이야기 하는데 가끔씩 웃음소리가 크게 들려왔다.

나는 매화, 죽순, 고사리를 부지런하게 따며 성실한 오빠를 생각했다. 부모님이 안 계신 30년 세월을 형제 조카들까지 철마다 불러 만남의 즐거움을 몸으로 느끼게 하는 오빠이다.

오늘도 오빠의 포근한 마음까지 자루 깊숙이 담아왔다. 냉장고에는 죽순이 가득, 항아리 속엔 매화가 가득, 내 마음속엔 기쁨이 가득, 갑자기 부자가 되어 신나는 세상이다.

황금 똥돼지

요샛말로 돼지 꿈을 꾸면 복권을 산다고들 했다, 가끔씩 나도 복권을 사곤 했는데, 혹시나 하는 마음으로 추첨일을 기다리곤 했다. 허지만 불로소득은 아무 때나 오는 것이 아니다. 그래서 본전이 없어지면서부터 복권을 사질 않는다. 예나 지금이나 돼지는 부를 가져오는 영물이어서 노란색 저금통을 만들어 놓았다.

소싯적 친정 마당에 돼지새끼들이 뒹굴곤 했다. 가끔씩 모내기를 하고 써리시침 때면 돼지 두어 마리 키워서 푹 삶아 식구들이 포식을 했다. 돼지 키우는 일도 보통 일이 아니었다. 여름 저실 없이 군불을 때서 돼지 밥을 삶아야 했다, 한 마리만 키우면 수월했을 것인데 어미가 세 마리나 되어 늘 마당에는 새끼들이 뒹굴었다. 가마솥에 보리쌀, 고구마, 호박을 같이 넣어 저녁내 푹 삶아 놓고. 아침이면 확독에 간 보리쌀 뜬물과 쌀 뜬물을 모아 놓은 것을 구시통에서 퍼다가 삶은 보리밥에 말아서 먹이곤 했다. 아무튼 돼지가 퍽퍽거리며 먹을 때는 닭들이 부리로 새로 튀어나온 밥티 좀 먹을라고 껄떡거리다가 대가리까지 씹히는 그날은 닭고기 먹는 날이었다.

여름에는 발통기로 보리방아를 찧어 마당에 널어놓으면 돼지새끼는 나발대로 씹어대다가 늘피허니 드러누워 자빠졌고 닭은 짝짝 히벼싸서 "죽일 놈의 닭 오늘 간짓대 맞좀봐라." 하면서 수챗구멍으로 달아나는 닭을 쫓아가서 혼쭐을 내주었다. 쓸어 담은 보리는 밥

할 때마다 돌을 일어 건졌는데 그럴 때는 조리가 꼭 필요했다.

돼지도 성질이 각각이다. 대문간의 어미는 듬직하고 발정이라도 나는 날이면 어떻게 우리를 튀어나오는지 잡아넣는 일이 여간 힘들었다. 녀석은 소 오줌 구멍에서 한바탕 꺼멓게 뒹굴어대고는 깔크막진 대밭을 넘어 경식이네 고구마 밭으로 도망갔다. 대 작대기를 들고 쫓아가 보면 벌써 밭은 요지경이 나고 울타리 구멍으로 끼어가 남의 집 돼지막에서 꿀꿀거리고 있었다. 그 집 토방에 있는 깨진 도가지에 담아놓은 쌀재를 팍 엎질러놓아 애간장 감이었다.

내가 커가면서 성가신 것은 변소였다. 대문간 돼지막 옆에 합수통 위에다 오면서 가면서 동네사람들 보라고 변소를 만들어 놓았는데. 안쪽은 돼지가 사람 똥을 받아 먹게금 목나무 등걸을 기댐석으로 걸쳐놓고 가운데에 볼일 볼 구멍만 뚫어 놓았다. 시꺼먼 똥돼지는 발소리만 듣고도 번개같이 일어나 모가지를 쳐들고 엉댕이짝을 쳐다보고 있었다. 여시 같은 그놈이 잘도 받아 먹다가 조금씩 떨어진 것은 낯짝에 누렇게 환칠을 하고, 코잠뱅이가 근질거리면 냅다 귀까지 털어 대는 통에, 내 것은 내 것이 되는 징헌 일이 한두 번이 아니었다.

돼지가 새끼 날 기미가 보이면 짚북데기를 입으로 물어다 둥그렇게 폭삭허니 다독거리며 준비를 했다. 어른들은 집에 들락거리는 사람들한테 산기가 있다는 표시로 간짓대를 가로 질러놓고 생솔가지를 걸어놓았다. 어미는 새끼를 잘 낳다가도 괜히 젖도 안 주고 물어 죽이고 할 때가 어쩌다 있었다. 그럴 때는 틀림없이 술 잘 먹는 큰오빠 땜에 생긴 일이라고 어머니는 오빠 오기만 기다렸다. 술 취한 오빠는 아무 것도 모르고 삿갓을 뒤집어 씌워놓고 물을 부어 액을 쫓아냈다. 오빠는 "나는 아무 잘못 없소."라며 억울해서 미칠 지

경이었다. 그럴 때는 새끼들이 절반은 죽고 절반만 살았다.\

새끼들 밥먹은 구시는 긴 소나무를 끌로 파서 만든 것이었다. 거기에서 여나믄 마리씩 함께 밥을 먹는데, 서로 많이 먹을려고 발로 버퉁개를 지르고 귀때기를 물어뜯어가며 싸웠다.

그놈들이 포동포동 커 가면 새벽밥을 주어 장으로 팔러 가려고 일찍 밥을 주면 안먹고 해찰을 했다. '아나나 아나나' 허고 불러도 마당만 파대며 장난을 치고, 몇 마리가 구시에 엎어져 질겅거리고 있을 때 뒷다리를 낚아채서 큰 꼴망태에다 집어넣고, 노는 놈들은 홀룽게로 살짝 걸어 잡으면 고놈들 '꽥꽥' 악다구를 질러댔다. 그러면 다른 놈들은 어미 뒤로 숨어서 절대로 안 나왔다.

일꾼은 바지게에 돼지 새끼를 짊어지고 끙끙대며 장으로 갔다. 나도 아버지를 따라 갔다. 석곡장 소전머리는 상당히 유명했다. 곡성, 옥과, 광천 장꾼들이 모여들어 엔간히 볼만 했다. 우리 돼지 새끼도 잘 먹여 키운 덕에 땟갈이 자르르 흘렀다. 거간꾼들이 뒷다리를 들어 뵈이면서 새끼 잘난 아무개 집 돼야지 새끼인께 알아서 사가라고 흥정을 붙였다. 새끼 판 돈으로 어머니가 좋아하는 생갈치부터 사고 닷새 동안 먹을 비린내 나는 것들을 골라 바지게에다 얹은 뒤 순천 식당으로 갔었다.

순천 집은 장날이면 발 디딜 틈이 없었다. 줄을 서다시피 해서 겨우 자리를 따면 반찬 좋고 똥돼야지 맛이야 하면 사족을 못 쓰고 사람들이 북적 거렸다. 순천, 광주로 오가는 버스들이 그곳을 다 들려 점심시간에 맞춰 식사를 했다. 붉은 고추장 발라 갈비 굽는 냄새, '흐으미' 생각만 해도 침 넘어갔다. 삶은 고기며, 곱창 똥국 냄새가 코창 떨어지게 길바닥에서도 났다. 점심 먹고 보성강 배를 타고 건너서 집에 오면 남은 새끼들이 놀고 있었는데, 남은 새끼 두 마리를 한 마구칸에다 키웠는데 통통하게 살이쪄 등에 가르마가 생겨 이뻤다.

가슴 아픈 꿈 이야이다. 박정희대통령 때였다. 내가 겨우 모아서 숨겨놓은 돈이 있었다. 하필 화폐개혁 때문에 들통이 나서 아버지한테 옴싹 털려 버렸다. 자그만치 돼지새끼 세 마리를 살 돈이었다. 숭굴통 앓은 걸 본 어머니가 돼지새끼 그놈은 내 몫으로 점찍어 놨으니 부지런히 키워라 하셨다. 나는 고놈들한테 지극정성을 다 들여 두 마리가 새끼를 낳으면 팔아서 송아지를 살 꿈을 꾸었구만. 아버지도 늘 돼지 새끼 팔아 보태서 송아지를 사서 마을 사람들한테 주곤 하셨다.

그런데 추석이 내일 모레 닥쳐왔다. 동네 사람들이 부잣집에서 돼지 한 마리를 잡아 목에 때 좀 벗기자고 오빠를 졸랐던 것 같다. 술보 큰오빠가 일꾼들을 시켜 돼지 네 다리를 묶어 지렛대로 마구에서 메고 나오는데, 그놈이 고래고래 사랑 마당 앞에서 멕따는 소리를 질러대는데, 내 가슴을 마구 후벼 파고 들었다. 지금도 귀에 쟁쟁하다. 그 아까운 내 황금돼지들 멕따는 소리가 말이다.

8

남도기행

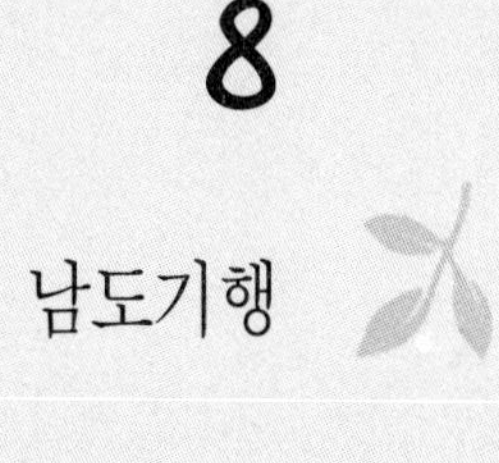

관방제림

담양 메타세콰이어 길의 나뭇가지 사이로 은빛 햇살이 꽂힌다. 초록 몸짓은 하늘의 별과 달을 쓸어내릴 것처럼 높게 치솟아 있다. 벼는 이삭을 품을 만큼 자라고 밭두렁 옥수수는 긴 수염을 흘려 영글고 있다. 도로에 붉게 핀 백일홍과 흰 무궁화 꽃도 칠월의 무더위를 가슴으로 삼킨다.

더위를 피해 매미가 울어대는 관방제림에 갔다. 담양댐 만들기 전 제방 둑 위에 심어놓은 200~400년 된 느티나무가 길 양쪽으로 늘어서있다. 아름들이 고목은 모두 177그루이며 문화재로 등록이 되었다고 한다. 2키로 미터가 넘는 길 양쪽으로 장승처럼 위용을 과시하며 오가는 사람들을 시원하게 한다.

오른쪽 궁터는 시위를 당기는 활이 과녁을 향해 날아간다. 빗나간 화살은 옆으로 뒤로 흩어지며, 과녁 통과시에는 붉은 깃발로 흔들어 알려 준다. 게임이 끝날 때마다 아주머니가 화살을 주워 도르레 홈통에 담아 실어 보낸다.

관방천 위 아치형 추성교가 멋스럽게 놓여 오가는 사람들의 통로가 된다. 따가운 햇살을 온몸으로 견디며 조랑말 두 마리가 번갈아 졸랑졸랑 팬더 마차를 끌고 달린다. 아이들과 함께한 어른들, 연인들이 환호성을 지르며 손을 흔든다.

관방제림 좌측은 추성 경기장이 그림처럼 아름답게 자리 잡아 단장 중이며 조각공원이 정교하다. 출출한 배를 채우려 금성면 뚝방을 길을 따라 봉산면으로 내려가면 담양 죽세품 옛 시장이 나온다.

시장은 주차장으로 넓게 만들어 주차하기에 아주 좋다. 돌계단을 올라가면 주택들과 콩물국수 집 슈퍼가 있어 기호에 맞는 음식을 먹을 수 있다. 거위와 오리가 냇물위에 한가히 노닐고 회오라기 황새들이 대밭에 둥지를 틀어 쌍쌍이 먹이를 찾아 날아든다.

다리만 건너면 죽록원이다. 내가 자랄 때만해도 우리나라 죽세품이 담양에서 전국으로 팔려나가 대학을 보낸 막강한 수입원이 되어주었다. 지금은 프라스틱, 나일론 제품에 밀려 죽순으로 활용한다.

많은 사람들이 광주 인근에 이런 좋은 곳이 있다는 것을 알지 못하는 것 같다. 20분 거리에 담양 대나무 건강랜드 죽세탕이 있어 그곳에서 온천도 하며 이곳에서 시원한 바람과 동무하고 돌아온다.

남도 기행

회원 일행이 완도행 버스를 타고 가을 여행을 떠났다. 버스 속 우리는 소풍가는 어린이처럼 마음이 부풀었다. 가로수의 은행잎이 달리는 버스 바람에 흩날리어 우수수 창가에 부딪친다. 시골 논밭은 가을걷이가 끝나고 배추와 무 밭만 새파랗게 들판에 남아 김장 날을 기다리며 있다. 같이 앉은 친구가 한 살이라도 젊고 다리 성할 때 여행을 다녀야 한다며 도란거리는 사이에 버스가 터미널에 도착 했다.

버스에서 내려 곧장 선창이 보이는 바다 쪽으로 걸어갔다. 확 트인 바다에는 갈매기가 끼룩끼룩 울며 날아다니고 고깃배들이 선창에 가득 정박 중이다. 전에 갔을 때는 없던 해변도로와 쉼터가 군데군데 있어, 이곳을 찾는 관광객이 완도 앞바다를 한 눈에 볼 수 있어 좋았다. 일행은 수협공판장으로 갔다. 공판장 수조에는 싱싱한 돔, 광어, 농어, 숭어, 바다장어, 우럭 등 갖가지 생선이 팔딱거리며 가득 들어있었다. 상인들은 우리를 보자 플라스틱 바구니에 싱싱한 생선 몇 마리를 뜰채로 떠 담아놓고 가격을 말한다. 일행은 물 좋고 싱싱한 돔 바구니를 흥정하자, 아주머니는 좋은 식당으로 안내해 주었다.

한참 걸어서 간 식당 안은 넓었으며 주인도 아주 친절했다. 상을 가운데 놓고 열 명이 빙 둘러 앉았다. 고구마, 땅콩, 방울토마토, 초간장, 상추, 물수건이 놓였다. 일찍 서둘러온 탓에 출출한 배를 채우느라 집어 먹는 손들이 부지런했다. 곧장 회접시가 상위에 놓이자, 상추와 깻잎을 손바닥에 놓고 초장에 돔회를 발라 눈을 부릅뜨며 싸먹었다. 돔 머리와 뼈는 푹 삶아 뽀얀 국물을 허기진 창자 속에 시원하게 먹었다. 식사가 끝나자 식당 아저씨에게 우리가 잠잘 숙소와 해수찜탕 안내를 부탁했다. 아저씨는 이곳저곳으로 전화를 하더니 깨끗한 숙소를 잡아주며 해수찜탕에 싼 가격으로 들어갈 수 있게 해 주었다.

숙소에다 짐을 풀어 놓아두고 택시를 타고 정도리에 갔다. 매표소에 도착하여 무료입장을 하였다. 씁쓸하게 웃으며 '젊은 경로'라고 이름도 좋다며 걸었다. 벌써 65세가 다 되어가나……. 정도리는 둥그런 해변으로 크고 작은 몽돌이 바닷가 전체에 빼곡히 쌓여 있다. 모난 돌이 없어 신발을 벗어 발 지압하는 곳으로는 최고였다. 몽돌이 끝나는 곳부터서 등성이 오솔길로 접어들었다. 오래전 바람이 심해 심어놓은 수목들이 우거져 산책하기에 아주 좋았다. 서식하는 새 종류와 식물마다 이름표를 달아놓았다. 길은 나뭇잎이 쌓여 밟을 때마다 푹신 거렸고 중간마다 표지판에 나가는 길과 화장실 안내가 잘되어 있었다. 어부들이 몽돌위에서 석양빛을 받으며 그물을 손질하고, 작은 배들은 고기를 잡으러 통통 거리고 있었다. 초소를 지키는 경찰 아저씨들이 몽돌을 가져가지 않나 위아래를 훑어보고 있었다. 저녁 때가 되어서인지 주차장에는 차가 한 대도 오지 않았다. 모두 큰길까지 걸어 나왔다. 기다리고 있으니 군내버스가 도착했다. 차내에 손님이 별로 없어 자리에 앉아 편하게 터미널에 도착하자마자, 숙소로 가서 목욕 준비물을 가지고 해수탕으로 향했다.

해수탕 안은 조그마한 두 개의 둥근 웅덩이에 미지근한 물과 뜨거운 물로 차있으며 냉탕도 바닷물이다. 탕 속에 앉아 있노라니 유리창이 바다와 경계로 되어있어 바닷물이 유리창에 철석거리고 따개비가 덕지덕지 붙어 있다. 새벽 썰물이 들 때면 수족관처럼 고기가 노는 모습을 볼 수 있다며 일찍 오라고 하였다. 건축은 20년이 되었으며 바닷물이 빠질 때마다 집을 지었다고 한다. 우리는 저녁식사 후 노래방으로 갔다. 모두 손뼉을 치며 번갈아 마이크를 잡고 가수흉내를 내며 노래를 불렀다. 지칠 줄 모르는 친구들은 내일 일정 때문에 11시에야 숙소에 돌아왔다. 열두 시까지 민화투를 치다가 곤하게 잠에 떨어졌다.

11월 1일 아침, 부지런을 떨며 또 해수탕으로 갔다. 해수탕 유리창 밖은 바닷물이 가득 차있다. 크고 작은 고기들이 어항 속처럼 꼬리를 흔들며 유유히 놀고 있다. 아름다운 아침 바다 풍경에 모두는 황홀했다.

아침밥을 먹고 군내버스를 탄 후 명사십리 해수욕장으로 출발했다. 차는 시내를 벗어나자 육지와 섬을 연결한 멋진 연륙교를 지나갔다. 한 눈에 완도 시내와 정박 중인 배와 짙푸른 바다가 아름답게 들어온다. 40분정도 지나 해수욕장에 도착했다. 탁 트인 수평선과 밀려오는 파도 위를 우리 모두는 발자국을 남기며 달렸다. 얼마쯤 걸었는지 일행들이 손사래를 쳐 신호를 보낸다. 예쁜 조가비를 주워 양손에 들고 친구와 달리기 시합을 하였다. 팍팍한 모래밭은 너무 힘들었다. 친구가 먼저 달려갔다.

"어서와. 우리 맛있는 홍탁 먹는다."

"아니 해수욕장에서 무슨 맛있는 거야! 빨리와 잉"

"저기 남자들 안보여, 복 있는 공주님들이 오니까 해변에서도 홍어, 돼지머리, 회 무침, 김치, 구기자 막걸리를 반 말 정도 내놨다."

아저씨 한 분이 늦게 온 우리를 보더니 종이컵 가득 구기자 막걸리를 채웠다. 친구는 홍어, 돼지머리, 김치 삼합을 안주로 넣어주려고 들고 서 있었다.

"완도 아저씨들 정말 고맙습니다. 이 따뜻한 정."

"웬걸요. 음식이 많아 나누어 먹는 거예요."라며 후한 대접을 했다.

우리 일행은 배를 채운 뒤 작은 물병에다 막걸리 두 병을 담아 배낭에 넣었다. 돌아오는 마음은 후한 남도의 인심에 가슴이 벅차올랐다. 터미널은 사람들이 많았다. 아이스크림을 동료가 사주어 맛있게 먹는 중에 해남 행 버스가 왔다. 모두 서둘러 타고 인심 좋은 완도를 떠나 대흥사에서 내리기로 했다. 1시간 30분 쯤 달려 대흥사 입구에서 내렸다.

모범식당이라는 간판이 붙은 집으로 들어갔다. 식당내부는 많은 화분과 그림 시화들이 적힌 액자가 걸려있었다. 방안에는 통나무로 된 식탁이 있고 문지방 양쪽에는 남자 엉덩이와 여자 엉덩이가 스케치 형식으로 작은 액자에 걸려있었다. 밥 먹다말고 얄궂은 아저씨라고 한바탕 웃었다.

배낭은 식당에 놓아두고 대흥사 쪽으로 향했다. 대흥사 가는 길은 차가 다니는 길과 산으로 가는 오솔길이 있었다. 한적한 오솔길을 포근포근 밟으며 꽃무릇 군락지를 지났다. 흔들다리를 건너면서 양쪽 끝 사람들이 가운데 친구들을 모두 태워 놓고 출렁거리기 시작했다.

"이러다 물에 빠져. 그만해."

"우리가 애들이 되었나. 하하하."

대흥사에 도착하여 이곳저곳 둘러본 다음 새로 건립한 박물관에 갔다. 서산대사가 입었던 옷, 수저, 목기, 밥그릇, 그림, 글씨 여러가지 소품들이 진열되어 있었다. 대강 관람을 마치고 부지런히 절에서 내려왔다. 도로변에는 시화전이 열리고 있었다. 이름 있는 화가 들의 그림이 돋보였다. 군밤과 옥수수를 사서 오물오물 먹으며 다시 흔들다리를 건넜다. 낙엽 밟는 소리는 겨울을 재촉하며 마지막 여행의 추억을 배낭에 짊어지고 버스에 올랐다.

"기왕이면 나주 곰탕 먹고 가세."

"좋아. 좋아. 좋아."

눈꽃축제

500명이 기차 열 칸을 전세를 내어 출발 했다. 설레는 마음으로 등산복과 소품들을 챙겨 배낭에 넣고 간식을 준비 했다. 오후 6시까지 역에 도착하여 벽에 붙어있는 표를 보고 기차번호표를 받았다. 버스 탈 때 차번호와 앉을 자리까지 모두가 적혀 있었다.

기차는 저녁 7시에 출발하여 다음날 새벽 1시에 태백역에 도착하였다. 어두운 역 광장에는 버스 14대가 즐비하게 줄지어 있었다. 나는 9호 버스에 앉았다. 그중 한 명이 친구 따라 우리 차에 더 탔기 때문에 버스는 인원파악을 하느라 애를 먹었다. 버스마다 식당이 달랐다. 9호 버스는 단골식당이라고 안내방송을 했다.

새벽 2시에 버스에서 내려 단골 식당 2층으로 올라갔다. 조그마한 두 개의 방에 43명이 들어갔다. 배낭을 베고 가로세로 발을 웅크린 채 피로를 풀기위해 새우처럼 누웠다. 하루 종일 앉아있다 보니 소화가 잘 안 되었는지 이곳저곳에서 방귀소리가 자주 났다. 보리밥 시대와 달리 썩은 냄새가 방 가득 퍼졌다. 코고는 소리가 나팔소리처럼 귀청을 자극 한다. 한 사람이 화장실에 다녀오면 그 다음 사람이 또 가고 문 여닫는 소리와 두런거리는 말소리에, 잠이 멀리 도망가 버렸다. 등산복을 머리끝까지 덮고 휴지를 뭉쳐 귀에 막아 보지만, 아래층 식당주인의 식사준비 소리까지 뒤섞여 왁자지껄 시끄럽다.

“4시 기상 식사합시다.” 안내하신 분들이 깨우기 시작했다. 눈 깜짝할 순간에 모래알처럼 덜 퍼진 밥알을 넘긴 후 배낭을 메고 신발에 아이젠을 끼워 신었다. 우리가 탄 버스는 10분 가량 지나서 유일사 매표소에 도착했다.

“산에는 화장실 없씅께 여기서 볼 일 보고 가십시다.”

안내원의 말이 떨어지자 화장실은 대만원이다. 간신히 볼일을 마치고 입구에 와보니 태백산에 온 팀이 4개팀 정도였다. 각기 명패를 가슴에 붙이고 지도원들이 먼저 출발을 하였다. 천여 명이 넘는 인원이 눈길을 오르기 시작하였다.

칠흑같이 어두운 밤길에 새하얀 눈길이 끝없이 이어지고 이름 모를 나무들은 무겁게 산을 지키고 서있다. 전등불빛을 요소마다 배치해서 비추지만 앞 사람을 연신 따라가며 보이지 않는 구비를 돌고돌아 물 한 모금으로 목을 축였다. 밤하늘에 반짝이는 푸른 별이 산 정상에 가까울수록 손에 잡힐 듯이 아름답다. 시골 집 마루에서 어머니 무릎을 베고 누워 옛날 얘기 들으며 보았던 그 별들처럼 동화 나라에 간듯 하다.

움묵움묵 발 딛는 눈길은 사그락 사그락 뽀드득거린다. 나는 친구와 헤어진 채 혼자 걸었다. 약간의 간식이 든 배낭을 짊어지고 허겁지겁 산을 오르다보니 온 몸에 땀이 배었다. 산이 높아질수록 기온이 내려가 면장갑 낀 손이 시려 왔다. 모자를 머리에 쓰고 하얀 입김을 후후 불며 눈 덮인 산을 오르자 조정래의 소설『태백산맥』이 생각났다. 밤마다 마을에 와서 생필품을 털어 험준한 산길을 걸어갔을 빨치산들이 우리처럼 새벽눈길을 걸었을까. 이런저런 생각이 나자 금방이라도 숲속에서 괴한이 나타날 것 같은 생각이 왈칵 든다. 구비마다 사람들이 지쳤는지 쉬고 있다. 모자 창에 전등을 메달아 머리가 움직일 때마다 불이 춤을 춘다.

"얼마나 가면 되나요?"

"한 시간 정도 가면 동이 트는 걸 볼 거예요."

명산의 해돋이를 보기 위해 행렬은 이어져 끝없이 전등불빛이 반짝이며 꼬리를 물고 이어진다. 산 정상이 가까워지자 기온은 점점 낮아져 마스크가 입김에 얼려고 한다. 숨을 쉴 때마다 머리카락에 훈김이 하얗게 서리처럼 얼어 흰머리로 변하였다. 길이 완만해지자 고생 끝 행복시작이라고 대장님께서 말씀하신다. 3시간을 줄곧 오르다 보니 군데군데 고사목이 있다. 죽어 천년 살아 천년을 산다는 서너 아름 정도의 주목이 태백산을 묵묵히 지키고 있다. 희끗거리는 서리바람이 매섭게 불어 장군봉을 오르는 많은 사람들을 꽁꽁 얼게 했다. 길옆에는 화장실 대신 산죽을 엮어 기억자로 막이를 쳐 놓았다. 이곳에서 급한 대로 일을 본다. 어둑거려 똑똑히는 보이지 않지만 너무도 큰 엉덩이가 고개를 푹 숙인 채 끙끙거리고 있다. 몇 사람이 뜸뜸이 앉아 가려주며 일을 보는데 엉덩이 큰 변의 임자는 눈 위라지만 헛기침을 '헛헛헛' 하더니 솔바람처럼 길로 들어서 걷는다.

"발로 좀 덮어두고 가지, 봄이 와야 거름이 될 것 아냐." 옆 아주머니들이 수군댄다.

정상에 오르자 장군단이 돌섬처럼 둥글게 쌓여 있다. 사람들이 움직일 수 없을 정도로 속이 꽉 차 발도 들여놓지 못했다. 새해 첫날 이곳에서 제를 지내며 나라의 기원을 빌며 축원한다고 한다. 나도 이곳 영산에서 떠오르는 해맞이를 하며 가족의 건강과 국가의 안녕을 빌었다.

정상에서는 플래카드를 세워 놓고 "대한민국만세" 삼창을 불렀다. 태백산의 줄기를 따라 크고 작은 산들이 하얀 눈으로 겹겹이 포개어 으뜸인 태백산을 우러르고 있다. 산철쭉 군락지 능선을 따라 10분쯤 걷기시작 하니 태백산 영봉 표지석 천제단에 도착하였다. 이곳 또한 사람들로 돌제단 속은 대만원 이었다. 네모반듯한 큰 돌비석에 '태백산'이라고 새겨져 있다.

휘몰아치는 바람에 말하기가 어려웠다. 내리막도 4.4키로 미터를 걸어야 한다. 친구와 정상에서 만나 하산을 하기 시작했다. 바둥대며 내려오다보니 무릎이 아프기 시작했다. 용정 만경사에서 내려오는 길은 급경사에다 위험지역이었다. 줄을 잡고 내려가다가 나무를 한참씩 붙들어 잘 살펴 발을 떼어놓았다. 반재거리를 지나 아름다운 병풍바위를 보며 세 번째 철교를 건넜다. 내리막길에서는 비닐비료 포대를 깔고 자연 썰매를 타며 내려왔다. 젊은 여인들이 타는가 하면 경상도 아저씨들도 타고 있었다. 비닐포대를 가져왔느냐고 물었더니 전라도 예쁜 아주머니가 선물로 주었다 했다. 친구와 나는 비틀거리며 타고 내려가는 아저씨께 잘 탄다며 박수를 쳐 주었다. 뒷 배낭은 눈이 잔뜩 묻어 미끄러지는 것을 제어하며 브레이크 역할을 해준 셈이다. 단골 광장에 도착한 시간은 오전 10시가 넘었다. 앞서간 연인들이 생각없이 빙판길을 걷다가 넘어졌다. 팔목을 부둥켜 안고 쩔쩔매다가 119구조대에 전화를 건다.

눈꽃축제장은 건축모형과 동물모형들을 눈을 모아 만들고 있다. 어마어마한 얼음뭉치를 조각 중이다. 바로 옆 분수대는 쏟아져 흐른 물줄기가 얼어붙어 거대한 얼음 조각품으로 사람들의 눈길을 끌고 있었다.

우측 5분 거리에 있는 석탄박물관을 관람했다. 박물관 내부는 조용하며 여러 가지 광물질 중에 다이야몬드, 금, 은, 동, 구리, 수정,

석탄의 생성과정까지 한 눈으로 볼 수 있게 전자장치로 만들어져 있었다. 지구의 지각변동이 일어난 것처럼 지진이 산봉우리에서 화산을 내뿜고 있는 장치와 아름다운 색깔의 보석들을 전자 등으로 비추어 보인 것이 인상적이었다.

관람 후 점심은 11시에 먹고 낙동강 발원지인 황지연못을 구경했다. 옛날 황부잣집 전설이 이곳에 있었다. 놀부 같은 시아버지가 중이 시주를 하라고 하자 쇠똥을 배낭가득 채워줬다. 그것을 본 며느리가 몰래 쌀을 퍼주어 중이 뒤돌아보지 말고 자기만 따라오라고 해서 뒤따랐다. 며느리는 궁금한 나머지 뒤를 보자마자 집안이 물로 가득 차 큰 연못으로 변했다고 한다. 며느리는 아기를 업은 채 돌로 변해 지금도 황지연못을 돌아보는 모습으로 망부석이 되어 서 있다. 맑은 물은 안채 사랑채 대문간 3개의 연못으로 흐르며 두 마리의 큰 물고기가 한가하게 꼬리를 흔들어 방문객을 반겼다. 물은 낙동강으로 흘러 6.25때 유행가 가사에도 실려 있다.

우리 일행은 오후 2시 기차를 타고 밤9시에 광주에 도착하였다.

벽송사 루트

장맛비를 맞으며 광주를 출발해서 구례에 도착했다. 다슬기 수제비를 먹고 온천이 있는 산동면으로 갔다. 분지로 된 이곳은 산수유가 특산품으로 마을 냇가나 밭 어디든 무성하게 자라며, 봄이면 축제로 관광객들이 붐빈다.

온천 가까운 곳에 숙소를 정한 후 일찍 일어나 산책을 할 때였다. 스피커에서 이장님의 공지사항이 흘러나온다. "마을 분들께 알려드립니다. 모르는 전화에 속지 말고요, 농협 교육은 오후 3시 이후며, 관광특구이기 때문에 사람들이 피서를 오거든 바가지요금 받지 마세요. 그리고 유기농 신청은 회관으로 와서 한 시간 안에 하시고 가시기 바랍니다."라며 긴 연설을 하였다. 골목길이나 집안이나 산수유나무가 무성한 전원주택으로 지어졌으며 정원에는 봉숭아, 분꽃들이 피어있었다. 한쪽에는 농기구창고와 마구간이 있다. 촬촬 또르르 도랑 물소리와 소낙비 오듯 울어대는 매미 소리는, 옛 고향집 앞마당 배나무에서 우는 것만 같았다. 맑은 공기로 머릿속을 가득 채우고 식사 후 벽송사 쪽으로 달렸다.

남원을 지나 운봉 쪽으로 가는 길을 아흔아홉 구비라고 한다. 구불구불 돌아 정상이 가까워졌다. 구름에 감겨 있는 운봉 봉우리는 수묵화를 연상케 했다. 고개를 넘자 남원의 특산품인 목기공장이 눈에 띄었다. 마을 앞을 지나다보면 좌측 쪽에 이성계가 왜구를 물리쳤다는 황산 대첩비와, 가왕 송홍록, 국창 박초월의 생가가 있다.

인월을 지나 실상사를 거쳐 백무동 계곡 길을 가노라면 벽송사, 서암정사 표지판이 눈에 보인다. 다리를 건너 산길을 오르다 보니 벽송사 주차장이 나왔다.

가락국의 양왕이 성을 쌓았다는 추성삼거리에서부터 벽송사 루트는 6.25당시의 빨치산 야전병원으로 사용되었다고 한다. 토벌대의 추격을 피해 울창한 산죽 사이로 몸을 은신한 산죽 비트, 낙엽 비트, 바위 비트, 굴 비트 등이 있었다.

8.15 해방 후 공산주의 세력이 여순사건(1948)을 일으켰으나 국군의 토벌작전에 의해 진압되었으며, 잔여병력 200여명은 지리산으로 입산했다고 한다. 인근 좌익 세력과 함께 제2병단 유격대를 결성한 빨치산은 한국전쟁 시 후방 교란을 했다고 한다. 경찰관서와 군부대 습격으로 민가들의 피해도 심했다고 한다. 휴전협정 후 지리산에서는 빨치산 야전병원으로 사용되었다니 규모가 매우 컸음을 알 수 있다.

이곳 등산로는 지리산 천왕봉, 임천강, 멀리 거창까지도 조망되는 천하 절경의 요새지라고 한다. 우리의 기억 속에서 사라져 가는 빨치산 사건의 비극을 자연 비트 속에서 흔적을 찾아 볼 수 있었다.

벽송사 가는 입구 쪽을 지키는 돌 비트들로 이루어진 서암정사가 있다. 이곳은 큰 바위들로 너덜경을 이루고 있으며, 빨치산들이 바위틈마다 숨어 다니는 이동 통로로 이용하였다고 한다. 현재는 자연 비트들에 석굴법당과, 비로전, 독선각, 산신각, 안양문 등이 들어섰고 바위부처님을 조각하여 놓았다.

빨치산들의 야전병원과 개미집처럼 바위굴로 이루어진 비트들을 보면서, 아직도 통일이 되지 않는 남북한 관계가 남아있음에 마음 한켠이 안타깝게 느껴졌다.

보리문동(文童)이와 갯땅쇠

“아이고 부관페리호 배 안이 온통 경상도 보리문동이들 판인가? 조용히들 허시드라고라우.”

막무가내 센 억양으로 지껄이는 큰 소리에 고막이 터질 것 같다. 휴지를 뭉쳐 귀를 막아 보았으나 여전했다.

부부 모임 일행은 일본 시모노세끼를 가기 위해 오전 10시 광천 터미널에서 부산행 버스를 탔다. 부산에 도착하여 전철을 타고 항구로 갔다. 부산항에서는 크고 작은 배들이 부두에 정박 중이었다. 우리가 타게 될 배는 어마어마하게 크다. 무역선을 개조해서 여객선으로 만들어 수많은 사람들이 탔다.

승선시간이 되어 여행객들은 배낭과 가방을 메고 배 안으로 들어갔다. 객실을 배정받자 제각각 숙소로 향했다. 우리가 잠잘 곳은 배 중심부에 있었다. 명패를 따로 붙였지만 배낭 넣을 수납장만 가운데 있고 천정과 양옆은 문도 없이 터져 자유롭게 지나다닐 수 있었다. 호실 당 20명 정도 잠을 잘 수 있는 방들이었다.

저녁을 먹기 위해 삼층 식당으로 올라갔다. 집에서 가져간 깻잎, 고추장, 김 등을 꺼내 선식 갈비탕을 먹었다. 아침부터 버스를 타고 오느라 피곤한 일행은 잠잘 준비를 했다. 얇은 스폰지 매트 위에 홑이불을 펴고 하늘색 담요를 덮고 누웠다. 군인들처럼 가운데로 발을 뻗고 위쪽으로 머리를 두르고 잤다.

누워는 있으나 낯선 잠자리 때문인지 뒤척이는 사람, 코를 고는 사람, 기관실에서 들려오는 기계소음은 너무 컸다. 그런데 난데없는 노랫소리와 왁자지껄 떠드는 소리에 사람들이 벌떡 일어났다. 노래방에서 놀다온 경상도 젊은 여행객들이 흥을 잠재우지 못한 채 발산을 하는 것이다. 그녀들은 깔깔 웃다가 합창으로 하다가 쿵쿵 뛰다가 알아듣지 못할 빠른 사투리로 들썩들썩 떠들었다. 그러자 우리 일행 중 세 여자가 벌떡 일어나더니 가이드를 찾아갔다.

"보리문동이들이 떠드는 소리에 여기서 잠자기는 틀렸씅께. 다른 객실로 옮겨 주시씨요. 이잉" 하며 사정하자 교체를 해주었다. 그러나 우리 객실 어른들은 더 이상 참지 못하였다.

"계집들이 어디서 배워먹은 짓들이여, 그만 조용히들 못해."

소리소리 지르며 베개를 내던졌다. 사태가 이쯤 되자 그녀들도 조용해진 듯 싶다가 한 사람이 소곤거리면 다시 낄낄거리고 새벽 한 시가 되어서야 조용히 잠을 잘 수 있었다.

이튿날 아침이 되자 세수를 하고 선내 조식을 마치고 하선 후 일본에서 온 버스를 탔다. 그런데 밤 내내 시끄럽던 그 경상도 보리문동이들이 우리 버스에 타고 있질 않은가? 모자를 푹 눌러 썼지만 그녀들은 생기발랄하고 세련된 멋쟁이였다. 두 팀은 어색해 하면서 차에 올랐다.

총무님이 일어서서 그쪽 대표를 좀 보자고 청하였다. 그러자 중년쯤 보이는 여자가 버스 앞쪽으로 나와 섰다.

"어르신들, 어젯밤 일은 저희들이 잘못 했심더. 모처럼 가정에서 해방돼갖고 예, 스트레스 좀 풀다보니께에 시끄러웠지예. 용서하이소마."

"그러면 벌칙으로 노래 한 자리 부르고 들어 가시씨요. 이잉. 반주는 손바닥 반주요. 다 같이 시작…….”

“제목은 ‘돌아와요 부산항에’ 입니더.”

버스 속 일행들은 모두가 손뼉을 치며 노래를 불렀다. 차 안은 금방 화기애애한 분위기로 바뀌었다.

우리는 원숭이 관람 후 아소산으로 향했다. 아소산 아래 작은 산들은 나무가 없었다. 산 전체가 보드라운 초지로 깔려 있으며 소들이 무리지어 풀을 뜯고 있었다. 일본에서 최고급 쇠고기와 우유가 생산 된다고 한다. 버스는 조심스럽게 산 중턱을 오르고 있다. 화산 폭발로 자갈과 흙들이 골따라 흘러내렸다. 40분 후 목적지인 아소산 휴게소에 도착하였다. 세계 최대급 칼데라 활화산으로 활동 중인 아소산 정상 분화구를 보기 위해 케이블카에 올랐다. 심장이 약한 사람은 가지 말라는 가이드 말이 있었다. 남편은 미리 청심환을 먹어두고 사전대비를 했다.

정상에 도착하자 유황냄새가 독하게 코를 자극했다. 때마침 바람은 반대편으로 불었다. 분연(憤煙)이 산불 연기처럼 어마어마하게 치솟아 오르며 역한 냄새 때문에 메스꺼웠다. 이곳은 언제라도 화산 폭발위험이 있어 대피소도 두어군데 있다. 여행객들은 저수지 같은 호수에서 진옥색과 연옥색 빛으로 끓어대는 화산을 보며 놀라워들 했다. 사진은 정해진 곳에서만 촬영을 하게 되어있다. 분화구는 2키로 미터나 된다고 한다. 펄펄 끓어 넘친 흙과 돌은 구멍이 숭숭 뚫렸다. 내려오는 길은 도보로 갈 수 있도록 되어있고, 산 전체에 폭발할 때의 무서운 흔적들이 남아 있다.

일행은 식당 뷔페로 이동하였다. 음식 맛이 좋았다. 꼭 먹어보라는 가이드 말처럼 우유 맛도 신선하였다. 식사 후 아소산 구비를 계속 돌아 내려갔다. 버스는 벳부로 가고 있는 중이다. 아소산을 벗어나자 수백 년 묵은 삼나무들이 길 양쪽으로 빽빽하게 꽉 찼다. 이곳은 산불이 난 흔적이 없고 묘지가 하나도 보이지 않았다. 가이드에게 물어보았다.

"일본은 묘지도 없고, 산불도 나지 않나요?"

"지진 때문에 땅에 물이 고이질 못 하구요, 햇볕만 있으면 잘 자라는 나무를 많이 심어 산불 내는 일이 없고 사람이 죽으면 화장을 하기 때문에 묘지가 전혀 없습니다."라고 말했다.

버스는 중간 휴게소에서 일행을 내려놓았다. 아소산 우유로 만든 아이스크림을 먹었는데 입안에서 사르르 녹았다. 벳부까지는 4시간이 걸린다고 한다.

벳부에는 해가 질 무렵에 도착했다. 이곳은 땅 전체가 부글거리고 있질 않은가? 도로와 집마다 쇠파이프를 땅속 깊이 박아 열을 뽑아 올려 지열을 식히고 있었다. 수증기는 100도가 넘어서 사람은 접근금지라고 한다. 그것뿐이 아니었다. 길은 따끈한 온돌방 같았으며, 작은 웅덩이는 쉴새없이 팥죽 끓듯 푸쉬시 푸쉬시 숨을 내쉬고 있다. 바로 옆에 약간 큰 호수가 있는데, 물빛은 옥색이고 뿌연 진주빛이 났다. 그 물로 달걀을 삶는데 달걀 속은 꿩알색이며 유황냄새가 났다. 파이프에서 흐르는 뜨거운 물에서 족탕을 하니, 유노하나카마도 지옥 순례가 끝이 났다.

호텔로 들어가 야외와 실내온천을 마치고 일본식 식사를 하였다. 개인별 담백한 상차림이었다. 일행은 석식 후 대형 슈퍼에 가서 구경도 하고 먹거리도 사다가 파티를 열었다. 아침 호텔에서 투숙객들이 떠나는 버스들을 보았다. 호텔주인과 안내원까지 밖으로 나와 고개 숙여 인사를 하고 손을 흔들고 있었다. 10여 대의 버스가 보이지 않을 때까지 한결같은 친절을 보여준 서비스 정신이 보기 좋았다.

5월 14일 17시에 부산행 부관 페리호에 승선하였다. 일본 관동지방이라 하여 일본 사람은 관부 페리호라고 부른다.

저녁식사를 마치자 보리문동이들이 개땅쇠 팀을 초대하여 술을 서너 순배 돌렸다. 즐거운 분위기는 금방 가무로 이어졌고 판은 떠들썩해졌다. 그러자 배 안의 순찰원이 찾아왔다. 더 이상 떠들면 조치하겠다며 엄포를 놓고 떠났다. 할 수 없이 9시까지 기다렸다가 삼층 노래방으로 갔다. 경상도와 전라도 팀은 두 테이블에 앉았다. 맥주를 너댓 병씩 마신 후 노래 잘 부르는 사람부터 신청곡을 수록하여 차례로 불렀다. 현란한 네온싸인은 별 그림자처럼 빙글빙글 돌아가고 마이크를 잡는 여인들은 특유의 개성대로 노래와 막춤까지 추었다. 우리도 지루한 여독을 이곳에다 다 풀었다. 그중 60대 아주머니가 배호의 '돌아가는 삼각지'를 배호 목소리로 불러 앵콜을 두 번이나 받았다. 마감시간이 되어 대중탕에서 샤워를 하고 잠들기 직전이었다.

"아니 벌써 잠자기야. 이 경상도 보리 문동이들아, 일어나 맥주 마시자."

다짜고짜 그녀들 자는 틈바구니로 끼어든 개땅쇠 어머니들이 목을 안아 일으켰다. 잠든 척 모로 누워버리면 이 사람 저 사람을 밟고 뒹굴며 소리를 꽥꽥 질렀다.

"야아, 나는 전라도 개땅쇠다. 경상도 보리문동이들아, 내 술 한 잔 마셔라."

맥주병을 들고 한 손으로 목을 껴안은 채 쭈그러진 종이컵을 그녀들에게 쥐어주며 철철 넘치도록 붓기 시작했다.

"개땅쇠 형님, 제발 이 잔이 마지막이요. 봐주이소예."

애원을 한다. 실갱이를 하다 보니 컵은 제대로 맥주를 부을 수 없을 만큼 흐느적거렸다. 반은 넘치고 반은 마셨다. 보리문동이들도 개땅쇠의 호의에 어쩔수 없었다.

그런데 양옆 객실에 배정받은 분들이 잠을 한숨도 이루지 못했다며 불평들이다. 부산에서 일본으로 갈 때 보리문동이들이 떠들고, 일본에서 부산으로 올 때는 개땅쇠가 시끄럽게 휘저었다. 아저씨 한 분이 설친 잠을 보상이라도 받을 심산으로 새벽 네 시가 되자, 우리 객실로 무작정 들어와서 하는 말씀이.

"어젯밤 술 먹고 떠든 아짐씨, 나좀 만납시다. 잠을 못 자게 했으면 사과를 해야 될 것 아닙니까. 어서 나오시오."

아무도 대꾸가 없자 어둑어둑한 방에 여자들이 가득 자고 있는 모습을 바라보며 아저씨는 시위를 하고 있는 것 같았다. 나이 든 아주머니께서.

"지금 잠이 곤히 들었으니 아침에 깨거들랑 말해주겠소."

부드러운 말씨로 아저씨를 달래 보냈다. 개땅쇠 아주머니는 다섯 시가 되자 갑판위로 올라갔다. 해돋이를 보러 나온 보리문동이들도 개땅쇠 아주머니를 갑판에서 만나자마자 가슴이 으스러져라 껴안았다.

"섭섭해서 우짜노. 전화 하이소."

"아따. 거시기들, 잘 가시드라고 잉."

항구로 이동하는 뱃고동 소리와 썰물에 드러난 오륙도를 바라보며, 눈부신 햇살을 안고 부산항에 도착하였다.

삼일 간 먹은 방어

가족처럼 지내는 부부 팀과 퇴직 후 여행을 가기로 했다. 회비를 모아 아이들 결혼 비용으로 보태고 나머지는 저금을 해두었다.

이번 목적지는 제주도이다. 광주에서 제주 가는 시간이 40분 정도 걸려 공항에 내리자마자 서귀포행 공항리무진 버스에 올랐다. 차창 밖 가로수 종려나무는 중앙 분리대와 양옆으로 심어져 외국에 나온 것처럼 아름답다. 오랜 세월을 자란 키와 몸통이 말을 해준다. 구간마다 유도화가 꽃분홍으로 아름답게 피어 바람에 살랑인다. 몇 차례 왔기 때문에 곧장 콘도에 가서 여장을 풀었다.

우리는 콘도 뒤편 어시장으로 갔다. 서귀포 수산 시장은 언제나 풍성하다. 바구니에 고들고들 마른 옥돔을 사가라고 사람들을 붙든다. 옆자리 좌판에는 팔딱거리는 자리돔회를 뜨느라 아주머니의 손길이 분주하다. 은빛의 제주갈치와 간고등어, 삼치 맛은 육지와는 다르다. 붉은 해삼과, 문어는 함지박에서 물을 가득 품었다 뱉는다. 제주까지 오느라 시장기가 든 일행은 이것저것 입맛 당기는 횟감들을 구경했다.

수조 안에는 붉은 돔, 강성 돔, 방어, 우럭, 자리돔 등과 이름 모를 고기들이 가득하다. 일행 중 한 분이 맛이 일품이라며 방어를 사자고 제안했다. 방어를 먹어보지 못한 일행은 흔쾌히 방어로 결정하고 크기가 7키로 그램에 가까운 제일 큰 놈을 골랐다. 주인아주머니는 회를 뜨기 위해 칼로 아가미 쪽을 찔러 보았으나, 펄쩍 뛰는 바람에 방어를 끌어안고 벌렁 나자빠져 굴렀다. 횟감을 떠서 집으로 가져와 방어, 한치, 해삼, 문어 등 여러 종류 회를 푸짐하게 먹었으나 많이 남은 것은 방어뿐이다. 저녁 식사를 마친 후 노래방으로 갔다.

이튿날 아침 방어 매운탕을 먹고, 소인국 테마파크에 도착하였다. 건물과 인간을 일정비율로 정밀하게 축소하여 넓은 부지에 배열해 놓고 미니어처 테마파크로 일명 소인국이라 부르기도 했다. 1. 제주국제공항 2. 피사의 사탑 3. 국회의사당 4. 카이저빌헬름교회 5. 자유의 여신상 6. 시드니오페라하우스 7. 벨렘탑 8. 새남터성당 9. 파르테논신전 10. 샤크레퀘르 11. 불국사 순서로 60여 점이나 되었다. 소인국 테마파크를 나와 몽골인들의 활쏘기 공연장으로 갔다.

몽골인들의 말타기와, 활쏘기, 거꾸로 매달려 달리는 모습, 단체로 달리는 갖가지 공연 관람 후 제주도 민속마을로 출발했다.

민속마을 똥돼지 기르는 곳과 대문 없이 장대를 삼단으로 올려두어 첫 단은 사람이 금방 온다는 뜻이며, 두 번째 단은 멀리 간다는 뜻이며, 셋째 단은 들어오지 말라는 여러 가지 의미가 담겨 있었다.

바람으로 인해 새끼줄을 가로세로로 엮은 흙벽집이 눈에 띄며, 토산품과 제주에서 나온 선인장 즙, 오미자 차, 말뼈가루 등을 판매하고 있었다.

오후에는 우리나라에서 제일 크다는 절 구경을 하고, 신영영화 박물관으로 갔다. 배우 신영균 씨가 영화 역사 전시관을 만들어 놓은 곳이다. 배우들 사진과, 영화역사, 특수효과촬영, 영상제작기, 특수분장 및 메이크업, 멀티사운드 체험관, 대사 및 효과녹음, 에니메이션 촬영체험 등을 관람한 후 정방폭포, 천지연 폭포에서 사진촬영

후 숙소로 돌아왔다.

저녁 식사 때 입맛 까다로운 방어회를 고른 아저씨는 다시는 못 먹을 테니 많이 먹자며 쌈에다 두 점씩 얹어 입안이 넘치도록 먹었다. 여자들은 고등어구이와 옥돔으로 입맛을 새롭게 했다.

방어는 여름을 욕지도 부근에서 살다가 겨울이 되면 난류 따라 제주도로 이동을 한다고 한다. 고등어과 어종으로 등이 푸르며 모양도 비슷하다. 크기는 고등어보다 몇 배나 크며 육질이 단단하여 맛이 쫄깃거리며, 물방어는 약간 누런빛이 감돌아 맛이 더 있다고 한다.

서귀포 바닷가 대정마을에서 이중섭 화가가 가족과 살았다는 집엘 갔다. 허름한 초가집 작은 방 전시실에는 개구리 그림과 아이들이 놀고 있는 몇 점의 작은 미술품이 벽에 걸려 있었다. 방 하나에 많은 가족이 어렵게 살면서 게를 잡아먹고 지냈다는 이야기가 쓰여 있었다.

저녁때 시장을 들러 집에 가져올 고기와, 아침 먹을 고기를 사면서 나 때문에 여행비 적게 든 줄 아느냐며 반문했던 오과장님은 하늘나라에서 우리들의 즐거웠던 삼일간의 방어 여행을 그리워하고 계실는지.

중국 운남성 기행

구구동우회와 이오회는 짝들이다. 광주에서 24명이 2004년 5월 22일 새벽 2시 광주역을 출발하여 인천 공항에 6시 20분 도착했다. 아침식사는 버스에서 내리자마자 깨죽을 먹었다.

8시 10분 발 중국동방항공기를 탔다. 좌석은 몹시 비좁고 중앙 양옆자리에는 세 명씩 앉았다. 기내조식 후 12시 20분에 곤명에 도착하였다. 꽃의 도시 곤명에 내려 전용버스를 타고 식당으로 갔다. 식사는 닭국물에 국수를 말아먹었는데 그릇에 흠집이 있었다.

버스를 타고 시내를 돌아 원통사로 가는데 시내는 도로를 넓히는 공사를 하고 있는데 2008년 올림픽 준비 중이었다.

곤명 북쪽 원통사는 남쪽 기슭에 위치한 사찰로 1264년부터 1368년에 걸쳐 지은 사찰로 유구한 역사를 자랑하는 곤명 최대 규모의 사찰이다. 당·원·청 때 중건한 기록이 남아있다고 한다. 연못 중심의 건물과 원통보전의 기둥에는 황룡과 청룡이 아름답게 새겨져 있었다. 태국왕이 선물한 동불상과 태국건축 양식의 화려한 전각이었다.

곤명호는 서남북으로 40키로 동서 8키로로 길쭉하게 뻗어 있다. 곤명호는 운남의 옛 이름 전지라는 이름으로 더 잘 알려져 있다고 한다. 해발 1,885미터에 위치한 담수호로 고원의 진주라는 별칭을 갖고 있다. 곤명호를 돌아서 리프트카로 서산공원을 올라갔다. 서

산삼림고원은 곤명호 서쪽 높이 해발 2,500미터이며 화정산, 태화산, 나한산 산군을 일컫는다.

삼청각은 깎아지른 절벽위에 웅장한 자태를 뽐내는데 공중누각이라고 불리운다. 나한산 절벽위에 암벽을 뚫어 만든 좁은 굴은 관광의 백미이다. 삼청각에서 용문의 정상 달천각 까지는 청나라 중기에 시작하여 72년간의 공사 끝에 완성되었으며 1.333개의 돌계단을 올라야 한다.

용문은 1840년부터 1853년까지 13년에 걸쳐 돌을 파 만들고, 70여명의 석공이 밧줄에 매달려 석실, 신상, 돌다리 등을 만들었다고 한다.

한 계단씩 내려오면서 발끝이 오므라들며 아슬아슬한 절벽 아래에는 이름 모를 수목이 우거져 있다. 아기를 갖게 하는 불상, 삼신상, 용이 승천했다는 용문, 어미 소가 끌려가 죽게 되자 아기소가 대신 누워 어미를 살렸다는 소상 등이 있었다.

23일은 중전 샹그릴라로 비행기를 타고 출발하였다. 7시15분발 8시 10분 도착하였다. 뷔페식당에서 빵, 흰죽, 볶음밥 등을 먹은 후 벽탑해로 출발하였다.

샹그릴라가 세계에 알려진 것은 영국인 소설가 제임스 힐튼(1900~1950)의 소설『잃어버린 지평선』을 출간한 이후라고 한다. 일류 최후의 낙원으로 이 지역을 묘사함으로써 유럽인들의 관심과 모든 종교 화합으로 공존하며, 인간의 갈등과 탐욕이 없는 곳으로 소개 되었다고 한다. 샹그릴라는 장족이 쓰는 티벧어로 '마음속의 해와 달'이라는 뜻이다. 세계문화 유산으로 등록되었다고 한다.

푸른빛의 물빛을 띤 벽탑해로 출발하였다. 해발 3,539키로 미터에 넓은 초원이 펼쳐져 있다고 한다. 산소가 부족하다하여 작은 파리약통만 한 산소통을 7,500원을 주고 샀다. 도로는 포장이 덜되어 있으며 매우 좁아 산굽이를 돌 때마다 어지러움과 현기증이 났다. 마을사람들은 보리를 많이 심었다. 산속이나 들에는 야크 떼가 풀을 뜯고, 밭에는 울타리를 막아 소, 돼지, 닭 등을 묶지 않고 마음대로 뛰어다녔다. 밭갈이하는 농부는 소 두 마리를 어께에 끈을 묶어 쟁기질을 하고 있었다. 따가운 햇볕에 얼굴은 검게 탔는데, 머리는 천으로 둘둘 감았다. 주식은 보릿가루를 만들어 개떡처럼 쪄먹고 미숫가루를 만들어 먹는다고 한다.

집의 구조는 황토흙을 다져 메주 크기로 벽돌처럼 쌓았으며 일층은 소나 말 짐승을 기르고, 이층은 마루인데 우리나라 대청과 같았다. 온가족이 커텐으로 방을 구분해서 잠을 잔다. 마루위에는 솥과 불 때는 주방이 있으며 앉아서 먹을 수 있는 통나무로 깎은 상이 있다. 화장실은 돈을 주고 보는데 칸막이가 가슴 높이다. 옛날 우리나라의 전통화장실을 연상하게 한다.

벽탑해 수심은 20미터이며 면적은 840평방미터라고 한다. 산소가 부족해 비틀거리며 산소를 한 모금씩 마시며 1키로 쯤 걸어갔다. 벽탑해는 매우 맑고 푸른색 물빛이며 사면이 산으로 싸여 있는 두견새의 서식지이다. 오염되지 않은 청정구역으로 어류보전이 잘 되어있다고 한다. 그곳에서 야크고기를 팬에다 구운 맛을 보았다. 소금물에 담가 저장을 해두어서인지 별 맛이 없었다. 추녀 끝에 가로지른 통나무에 야크고기를 매달아 기름이 뚝뚝 떨어지고 있다. 두 시간정도 버스를 타고 내려와 식사는 버섯요리를 먹었다. 중식 후 여름에는 호수가 되고 겨울에는 초원이되는 납파해로 이동했다.

바다가 올라와 호수가 되어서 조개류, 어패류 화석들이 나오며 겨울부터 봄까지는 넓고 푸른 초원에서 말들이 풀을 뜯고 살고 있다.

일행은 넓은 초원을 말을 타고 달려보았다.

송찬림사는 티벳불교 3대 절에 속하고 5세 달라이라마 14세가 통치한 17세기 중엽의 건축양식을 띠고 있다고 한다. 스님은 700명 정도며 신도들 시주로 먹고 산다고 했다. 지붕은 황금물로 노랗게 빛나며 계단은 108계단으로 이루어져 있다. 담은 붉은색 담을 쌓고 절 내부는 컴컴하였다. 전기가 들어오지 않아 부처님 앞에는 야크 기름 불만 심지를 만들어 그릇에 켜 놓았다. 어둑한 부처님 곁 앞에는 스님 한 분이 앉아 방문객들에게 인사를 하고 있었다. 시주 지폐가 옆 자리에 수북히 쌓여 있다. 절문 입구를 들어갈 때는 왼발 먼저 들어 넣고 나올 때는 오른발 먼저 나와야 한다고 일러준다. 14세 달라이라마의 스승 사진과 달라이라마 사진이 나란히 있으며 그 다음은 불상이 놓여있었다. 검게 그을은 휘장은 퇴색되었고 부처님 앞마다 우동그릇만한 스텐에 물을 떠놓았다. 부처님 손 씻을 물이라고 한다. 이층은 대청으로 넓은 공간이며, 삼층에는 작은 방에 생불이 앉아 있었다. 열 살쯤 되 보이는 동자승이 안내를 하면 생불에게 절하고 시주한 사람들에게 머리를 세 번 쓰다듬어주며 수첩을 하나씩 목에 걸어주었다. 14세 달라이라마가 죽기 전 어린 생불을 지명해 맥을 잇고 있다고 했다.

하루 여정을 마치고 숙소에 들었으나 기온은 약간 차가웠다. 우리나라 가을 날씨 같아서 온풍기를 틀었으나 소용이 없다. 따뜻해질까 싶어 온풍기를 틀어 놓은 채 잠이 들었다. 해발 3.400미터인 곳이다. 아침 5시에 눈을 떠보니 얼굴이 퉁퉁 부었다. 그이는 세수 하려고 일어났으나 침대 아래로 떨어진 채로 움직이질 못하고 바닥에 쓰러져 있었다. 두 다리가 마비되어 움직일 수 없다고 했다. 집에서 가져간 신경통약과 청심환 물약을 먹여주고 커텐을 젖힌 후 유리창

문을 열었다. 내가 먼저 세수를 하고 나오는데 부축을 해달라며 겨우 세수를 마쳤다. 다행히 짐을 챙겨 1층 약속 장소로 나왔다.

그런데 가이드가 보이질 않았다. 밤새 산소부족으로 산소를 두 통째 마셨다고 했다. 두 팀이 나오질 않았다. 총무님은 바쁘게 비행기 시간을 맞추려고 나오지 못한 객실로 찾아 다녔다. 객실 분들은 코피를 쏟아 지혈을 하느라 최선을 다했고, 아직 나오지 못한 또 한 팀이 있었다. 다시 그분들 객실에 가보니 열쇠가 잠겨 안이나 밖이나 열리지 않아 나오질 못해 갇힌 채로였다. 가이드는 비행장으로 택시를 태워 보내고, 호텔 측은 열쇠 기술자를 데려와 문을 열었으나 막무가내였다. 시간이 촉박하자 객실 문을 걷어차고 나오라는 주문이 떨어졌다. 문고리가 떨어져 나간 뒤에 일행은 나왔다. 다행히 비행기를 탈 수 있었고, 목적지에 도착 후 비행기에서 내려 버스를 타고 모두 여강으로 이동 중이었다.

여강 전용차를 탄 일행은 협곡을 따라 달렸다. 버스는 우리나라에서 모두 폐차 직전까지 사용한 차들이었다. 산골짜기엔 두견화가 피어 아름다웠다. 산에는 야크 떼가 풀을 뜯으며 한가로이 놀고 있었다. 아슬아슬한 협곡의 운치는 오금이 저리고 심장 약한 사람은 어지러울 정도였다.

4시간 쯤 왔을 때 양자강 구비인 제일만이라 불리우는 해발 2,000미터의 웅장한 계곡 호도협에 도착하였다. 절벽을 깎아 2키로를 도보로 걸어가는데 호랑이가 뛰어넘을 만큼 폭이 좁아 이곳을 호도협이라 이름 지었다고 한다. 넓은 금사강이 호도협에 이르면 공포스러울 정도로 엄청난 소용돌이가 일어나 장관을 이룬다. 옥룡설산과 합파설산이 거대한 산맥 사이에 위치한 협곡의 깊이는 세계에서도 손꼽힌다고 한다. 이곳을 막아 댐을 만들어 수력발전소를 세울 계획이라고 가이드는 말했다.

호도해협을 뒤로 한 채 양자강을 끼고 차는 달린다. 보리는 누렇게 익었고 마을은 똑같은 기와집으로 집단을 이루며 살고 있었다. 2시간을 달려 여강 시내에 도착했다. 이곳은 땅이 기름지고 나시족, 한족, 모족, 장족, 이족 등이 살고 있다. 시내에 들어가니 모택동 동상이 공원 광장에 높이 서있다. 맞은편에는 인민극장이 있었다. 일행은 30,000원씩을 주고 연극을 관람했다. 연극의 주제는 사랑하는 남녀가 부모님 반대로 천상에서 재회하여 아름다운 사랑을 이루고 살아간다는 스토리였다.

고성의 북쪽에는 의상산, 사자산이 있어 북쪽 차가운 바람을 막아주어 겨울에도 춥지 않으며 옥룡설산으로부터 흘러내리는 만년설이 녹은 신선한 옥천수가 고성 곳곳에 흐르고 있었다. 옥천수는 많은 집들 사이로 흐르며 식수나 빨래까지 정해진 시간이 있어 때맞춰 사용을 하였다. 도랑물 속에는 금붕어가 떼지어 놀고 있었다.

고성 사방가 거리는 수수하며 고풍스러운 건축이 우아한 예술작품처럼 지어졌다. 유네스코 세계 문화유산으로 지정되어 있다고 한다. 옛 실크로드이며 서양문물과 동양문물이 모여 이곳에서 교환되었다고 한다.

저녁식사는 나시족 전통 식당에서 하기로 하였다. 식당에 도착하니 할머니들이 반갑게 인사를 하며 맞이했다. 이층에서 식사를 하는 동안 나이 든 여인들은 흥을 돋우어 우리나라 강강수월레 형식인 전통춤을 추었다. 중앙에는 피리부는 소년이 빙빙 돌며 흥을 돋우었다. 식사 후 여행객 들이 모두가 어울려 빙빙 돌며 손을 맞잡고 즐거운 시간을 보냈다.

모계사회이기 때문에 여인들이 일을 하고 남자는 집안일을 돌보고 아이를 기른다. 모소족은 집안 외할머니가 제일 높은 어른이며 여자는 장성해도 출가를 하지 않는단다. 결혼을 하면 신방을 '아샤방' 이라고 부르며 신랑은 잠만 자고 아침이면 자기 집으로 일찍 간다고 한다. 아이는 엄마 성을 가지며 외삼촌과 같이 살게 된다. 아들이 일곱 명이나 되는 집은 한 여인을 데려와 일곱 명이 교대로 여인과 지내며 말과 소를 끌고 유목 생활을 한다고 한다. 아이가 태어나면 첫째와 둘째가 책임지고 기른단다. 결혼식을 각각 하게 되면 세금을 많이 물게 된다고 한다. 신랑감은 몸이 뚱뚱하며 살이 검고 힘이 좋아야 한단다.

교육열이 대단히 좋으며 문자는 상형문자를 썼지만 현재는 할아버지 한 분이 글자 전수를 하고 있다. 주술적 의미가 곳곳에 배어있어 천조각을 묶어 곳곳에 매달아 놓았다.

25일, 옥룡설산 정상은 만년설로 덮여있다. 야산에는 진달래 같은 꽃들이 아름답게 피어있고 리프트카로 산 중턱쯤에서 내렸는데 2키로 정도 걸어서 넓은 운삼평야 초원에 도착하였다. 말들을 사육하고 있으며, 이곳 사람들은 옥룡설산 수입으로 살아간다고 한다. 산에서 나오는 천연 약초, 동충하초가 있어 채집하는 사람들에게 정부가 수집 허가를 내주고 관리하며 비싼 가격에 판매한다. 특산품 가게마다 호두, 잣, 등 열매들을 팔고 고산병 때문에 심장이 약한 사람은 몸살을 앓고 산소를 마셔야 했다. 자연 휴양림으로 아름드리 나무들이 빽빽 하며 고사목도 뼈를 앙상하게 드러내고 서있었다.

바로 건너편 옥룡설산은 칼바람으로 밤에 한쪽 절벽이 무너져 내렸다. 운삼평야와 옥룡설산 구경을 마치고 설산에서 흘러내린 '백하수'에 과일과 손을 씻었다. 나시족 왕의 정원에는 수정같이 맑은 흑룡담, 감애자, 옥봉사, 박물관 관람을 하였다. 비행기를 타고 곤명에 도착 하였다.

운남의 대표적인 동굴 구향동굴로 출발 중이다. 가로수는 안숙나무로 빽빽하고 들판도 가득하다. 호랑이 연고를 만드는 약나무라고 한다. 동굴입구에서 엘리베이터를 타고 지하로 내려가면 종유석들이 뭉쳐있어 운치를 더해준다. 하늘만 보이는 호수에는 작은 배들을 타며 뱃놀이를 즐겼다. 다시 지상으로 나와서 동굴로 들어갔다. 동굴 속은 엄청난 쌍폭포가 쏟아지고 종유석들이 전등불빛에 아름답게 눈부시다. 논다랭이, 낟가리, 연꽃잎, 석순, 성모마리아 등 각양각색의 모양을 하고 있었다. 지하에서 지상까지는 60개의 돌계단을 올라가야한다. 팀 전체는 두 사람이 어깨에 멘 대통가마를 타고 조심스럽게 올라왔다.

옛 재상처럼 능청거리는 가마를 타고 오르는 기분이 아주 좋았다. 차는 석림으로 출발 중이다.

지질학자들에 의하면 석림은 2억 7천만년 전 바다 밑이었는데 석회암으로 된 지층이 서서히 융기를 거듭하여, 해발 1.750미터까지 솟아올랐다고 한다. 생물의 화석으로 알 수 있으며 곤명 남쪽 120키로미터 떨어진 이족 자치현에 위치하여 대소석림, 내소석림, 지운동, 장호, 대첩수폭포, 월호, 기풍동 등 7개의 풍경구로 구성되어 있다. 총 면적은 350키로 제곱미터이며 관광객이 볼 수 있는 곳은 1/5에 해당한다고 한다.

우측으로 가면 석림호가 있으며 작은 피라미 같은 고기가 살고 있었다. 거대한 바위들이 켜켜이 세워져 오랜 세월동안 한결같다고 한다. 구불구불 바위틈 사이로 진귀한 바위 모양들을 설명해 놓았다. 연화봉, 검봉지, 석종, 망봉적 등의 이정표가 한문자로 새겨져 있으며, 돌 틈에 뿌리내린 나무들 아래서 휴식을 취했다. 목을 돌 틈에 끼워 잘 빠져 나가면 굽신거리며 살지 않는다는 속담이 있다. 목을 억지로 비틀어 빠져나가다가 다친 사람도 있었다. 주석이 많이 들어있는 돌로 된 계단들은 사람들이 밟고 다녀 옥돌처럼 반질거렸다. 남근석, 코끼리, 거북이, 사자형상 등이 많았다.

소석림으로 나오니 잔디밭과 연못이 있으며 돌 모양으로 나시족 처녀가 등짐 진 모습을 하고 있었다. 버스를 타고 나오는 길에 옆은 개발되지 않은 돌산이 무더기로 밭처럼 있었다. 끝없이 넓은 땅덩이가 탐나기도 했다.

여행을 끝마치고 곤명에서 밤 비행기를 타고 상해로 오는데 비행기가 두 시간씩이나 늦게 오는 바람에 새벽에 도착하였다. 중국 비행기들은 시간관념이 정확하지 않았다. 일행은 산소부족 때문에 고생을 많이 했지만 무사히 여정을 마쳤다.

홍도 · 흑산도

목포항에서 여객선을 타고 푸른 바다를 달리는 기분이 무척 좋았다. 크고 작은 섬과 작은 배들이 연안에서 고기를 잡고 있다. 배는 달리기 시작하고 해안을 지나자 파고가 2.5미터로 높아지기 시작했다. 멀미에 시달린 친구의 샛노란 얼굴이 창백해지고 화장실을 들락이며 고통을 호소했다.

배는 오후 3시 후 흑산도 도착하여 손님을 내려주고 홍도로 떠났다. 30분 더 가는 동안 녹초가 된 친구는 힘겨워 했다. 젊어서 배를 탈 때엔 멀미를 하지 않아서 약을 먹지 않은 것이 화근이다. 일행은 약을 먹어서 별 탈 없이 홍도항에 도착했다. 파도에 뚫린 돌 틈사이로 등대불이 깜박이듯 가을 햇발이 우리를 감쌌다. 배에서 내리자마자 항구의 횟집들이 길 양편에 비닐포장으로 둘러쳐 놓고, 큰 고무 함지박 속에 전복, 해삼, 고등어, 고동, 석화, 각종 어물이 손님을 기다리고 있었다. 숙소에 짐을 풀고 저녁을 먹으러 예약된 장소로 이동을 하였다.

가파른 붉은 언덕에 조그만 집들이 성냥갑 쌓듯이 엉겨 붙어 있다. 창고 같은 곳에 노래방 간판이 보이고 가파른 골목을 지나 우체국과 교회가 아주 작은 일반 집처럼 보인다. 산등성이를 넘어 반대쪽 해변의 제법 큰 횟집으로 갔다. 때마침 횟감을 수조에 넣고 있는 차가 와있었다. 손님도 고기도 파도 때문에 쓸쓸하던 이곳에 배가 도착하면서 활기를 띠고 북적였다.

저녁을 먹는 동안 해변 파도는 천둥소리를 냈다. 검은 괴물 뭉치가 산처럼 밀려와 사정없이 방파제에 부딪쳐 거품을 모래사장에 허옇게 깔아내며 공포에 떨게 했다. 숙소는 따뜻하나 온수가 나오지 않았다. 친구와 나 셋은 밤새 이야기 하다가 새벽녘에 잠이 들었다.

아침 여섯 시, 식사 마치고 부두를 출발하여 일곱 시 배를 타기 위해 여행객들이 줄지어 늘어섰다. 섬 전체가 홍갈색 연규암질 바위섬으로 해질녘에 붉게 보인다하여 홍도라고 부르며 누에 모양으로 이어졌다 한다. 총면적 6.874평방미터이며 남해의 소금강이라고 부른다. 물이 맑아 10미터 바다 속이 보이고, 풍란, 동백, 후박, 식나무 등 희귀식물 540여 종이 자란다. 동물 및 곤충이 230여 종류가 서식하며 천연기념물 제 170호로 다도해 국립공원으로 지정 되었다.

관광선을 타고 섬 전체를 유람 중이다. 선착장 입구 아름다운 등대와 해수욕장 지나 남문바위, 실금리, 석화굴, 탑섬, 만물상, 슬픈여 갖가지 이름이 붙여진 바위들은 파도에 씻겨 특색 있는 전설로 우뚝 서 있다. 슬픈여, 남편이 다른 여자와 껴안고 있으며 본처는 뒤돌아 울고 있는 형상이다. 일곱 개의 바위는 칠남매 바위, 촛대바위, 주전자바위, 돔바위, 칠선굴, 거북바위, 홍어굴 앞에는 파도가 없어 선상낚시 회를 먹는 맛 또한 일품이다. 홍도 초교 깃대봉을 뒤로하고 흑산 관광선을 탔다.

바닷물이 푸르다 못해 검다하여 흑산도라 부르게 되었단다. 사람이 살기 시작한 것은 장보고가 완도에 청해진을 설치를 한 후부터라고 했다. 섬 면적 19.7키로 미터이며 대흑산도와 소흑산도에 이어 가거도 어업 전진기지로 중국어선의 입출항이 많다고 한다. 흑산도 도착 후 멀미한 친구가 먹고 싶어 전복죽 집으로 향했다.

일행 중 한 분이 전복을 사주셨다. 처음으로 전복을 그렇게 많이 먹은 적이 없었다. 내장과 전복을 다져 죽까지 실컷 먹고, 선물용 포장을 마친 후 흑산도 섬 일주를 차 두 대로 출발했다.

삼리산 전망대 입구에 이미자의 흑산도 노래비가 세워져 있다. 전망대 스피커에서는 '바다-아 보다 검게 타버린 흑산도 아가씨' 노래가 파도위에 옥구슬처럼 흐른다. 해변 길 열 굽이를 돌아 열한 개 마을을 지나는 동안, 바다가운데 바위섬이 우리나라 지도를 닮은 구멍으로 뚫려있었다.

해안도로를 돌아 조그만 사리마을에 손암 정약전 선생이 유배생활을 했던 초가집이 있다. 마을 높다란 곳에 있는 초가집은 허술하기 짝이 없는 옛 우리나라 전통 삼간집이다. 정약용의 둘째 형인 정약전은 조선후기 문신으로 유배생활 15년을 살았다. 1814년에 근해 물고기 해산물 155종을 채집, 명칭, 형태, 분포, 실태 등을 기록한 『자산어보』가 남아있다.

전촌리는 최익현 적려 유허비가 있다. 면암 최익현은 구한말의 학자이며 의병장으로 바위에 '기봉강산 홍무일원' 이라고 친필로 썼다한다.

산은 소나무로 꽉 차 검푸르다. 해풍으로 인해 벌레가 먹지 않으며 기온차가 육지처럼 심하지 않아 낙엽으로 변하는 일이 없다고 한다. 바다와 육지 소나무가 검기 때문에 흑산도라고 기사는 안내를 해준다.

섬 일주를 마친 후 흑산 홍어를 먹자는 의견 일치에 홍어집으로 갔다. 삼일간의 파도 때문에 금방 잡은 홍어는 없고 삭혀두었던 홍어를 동동주에 먹었다. 어시장은 선착장 여객선 터미널 부근 빈터를 빙 돌아 마른 조기 새끼, 미역, 다시마, 멸치, 갈치, 홍합 등을 팔고 있었다. 짭조롬한 조기 말린 것과 전복을 사고, 다시마는 전복을 사주신 회원님의 선물로 받아왔다.

섬은 논과 밭이 없어 육지처럼 채소나 알곡식이 없었다. 육지에서 배로 이동하여 먹기 때문에 불편함이 많을 거라고 생각한다. 날씨는 더욱 쾌청하여 파도는 심하지 않고 미리 먹어둔 멀미약 덕분에 일행은 무사히 목포에 내렸다. 목포항은 아름다운 불빛으로 우리를 맞이했다.

복덕방 아저씨와 호박잎

삼십 년이 된 은행나무는 큰 키에 떡 벌어진 가지마다 초록 열매가 오가는 사람들에게 싱그러움을 더해준다.

처음 이곳으로 이사 왔을 때 도로변 은행나무는 받침목 셋을 허리에 단 채 호리호리하고 키만 컸다. 그 아래 가느다란 호박넝쿨이 은행나무 가지에 외줄로 기어오르는데, 마디에는 노오란 꽃을 피우고 주먹 만한 호박이 달려 있었다.

큰길 입구 복덕방을 끼고 T자로 접어들면 우리가 살고 있는 곳의 낭만이 넘치는 추억들이 있다. 그날도 청소와 빨래를 마친 후 막걸리 서너 병을 노란 설탕을 넣고 끓여 사발에 부어 건배를 했다. 약간의 취기를 느끼며 음악을 틀어놓고 숨은 끼 자랑을 했다.

개그 흉내를 잘 내는 눈이 크고 속눈썹이 긴 미녀, 뺑짝을 잘하며 대쪽 같은 성격의 깔끄미, 춤의 명수인 점잖으면서도 속 끼가 잔뜩 든 스타일 좋은 멋쟁이, 농악을 좋아하고 어울리기를 잘하며 둥글둥글 사는 나. 우리 끼모임은 각자 개성대로 무대 속의 주인공이 되어 삶의 체험을 연출하며 깔깔대는 웃음을 골목 가득 깔아놓았다.

친구 집 마당의 삽살개는 우리들 노는 모양을 지켜보며, 갸웃갸웃 고개를 이쪽저쪽 돌리고서 우리를 빤히 본다.

"삽살아, 오늘 조용히 하렸다."

약간 찌그러진 양은 개밥그릇은 우리들의 축구공이다. 양쪽 두 명씩 한 조가 되어 승부내기를 했다. 시멘트 마당을 개밥그릇이 구르기 시작했다.

'떵터구르르르 떽떼구르르르 떵거르르'

양쪽을 오가며 발에 채이는 양은 소리에 이웃 젊은 엄마들이 몰려 왔다. 그들도 한 조가 되어 더 소란의 극치이다. 삽살개마저 이리 뛰고 저리 뛰며 혀를 길게 내어 침을 흘리며 헉헉 댄다. 쪼그라진 개밥 그릇은 고물상으로 직행이다. 승부가 동점이 되면 두 발로 가위 바위 보를 세 번 한 후 진 편이 과일을 사낸다.

때마침 과일장수가 "참외, 수박, 자두, 토마토 사세요!" 외쳤다. 단골 아줌마는 으레 리어카를 친구 집 앞에 멈춰 놓는다. "오늘은 어느 쪽이 이겼어?" 하면서 달고 맛있는 것들이니 많이 사라고 골라준다.

허기진 배를 채우고 민화투를 친다. 십 원짜리 백 원만 가지면 하루종일 놀고 다시 이튿날 또 놀았다. 저녁 지을 시간이 되자 모두 시장으로 갔다.

단골 상인들이 우리를 반긴다. 물 좋은 생선과 도시락 찬거리를 사고, 길가에 좌판을 펴놓고 채소를 파는 아주머니들이 붙잡는다. 삶은 나물, 감자대, 풋고추, 깻잎, 애호박, 가지 등을 덤으로 얹어주었다. 집에 거의 다 와서야 T골목에 무거운 바구니를 은행나무 아래 놓고 쉬었다. 그런데 꼭 있어야할 호박잎을 빠뜨린 것이다. 여름 별미의 호박잎국을 끓일 예정인데 깜박 잊고 말았다. 다시 시장을 가려는 순간 미녀가 내 손을 잡아당긴다. "왜?" "저기 내 손끝을 봐!" 은행나무의 호박 넝쿨을 가리킨다.

"저것 몇 잎만 따지, 더운데 시장까지 갈려고 그래?"

"에라 그럴까!" 하면서 꺼림직한 느낌이 들지만 살금살금 걸어가 호박잎에 손을 대는 순간 복덕방 속에서 문이 벌컥 열렸다.

"이보시요. 무엇하는 거요." 하는 소리에 놀라 무안한 마음에 날 살려라 뛰어오는데, 미녀가 하는 말이

"내 그럴 줄 알고 묘안을 생각해 놨어. 날 따라 와 봐." 우리들은 복덕방 앞으로 주르르 가서 죄송하다고 정중히 인사를 한 다음 변명을 시작했다.

미녀가 겸손한 태도로 "다름이 아니고 호박잎을 약에 쓰려는데 몇 잎 필요해서 그럽니다." 이 말을 듣던 아저씨는

"그래요? 무슨 병에 약이 된답니까?"

"치질약이예요."

"어떻게 복용한답니까?"

"잘 찧어서 아픈 곳에 붙이면 됩니다. 노랗고 뻣뻣하며 약이 찬 것이 더 효과가 있당께라우."

"알았소. 좋은 약 가르쳐 줘서 고맙소. 어서 따서 약을 만드시오."

약간 벗겨진 이마와 훤칠한 키에 미남인 복덕방 아저씨가 흔쾌히 승낙을 하였다.

보드라운 호박잎을 몇 잎 따서 놓아둔 바구니에 담고, 입을 움켜쥐고 참았던 웃음을 꽥꽥이며 눈에는 눈물이 그렁그렁 거렸다.

그날 저녁 사연 많은 호박잎을 별미의 요리로 끓였다. 친정어머니께서 끓여준 시골 맛을 내기 위해 고구마대는 살짝 주물러 뜯어 넣고, 호박잎은 잘게 찢고, 애호박 감자는 굵직굵직 썰고, 풋고추는 분질러 넣고, 들깨즙을 탑탑하게 갈아 부었다. 풋풋한 호박잎국을 담 너머 벗들과 나누어 먹었다. 시장에 갈 때마다 복덕방 아저씨는 "호박잎 약발 잘 듭디까? 더 필요하시면 많이 따가시오." 친절한 아저씨는 다음해에 이사를 가고 다시는 만날 수가 없었다. 우리 끼쟁이들도 새로운 삶을 위해 뿔뿔이 헤어졌다.

하늘 닿을 듯 청청한 은행나무를 볼 때마다 흰머리 돋은 그녀들은 호박국 맛을 잃지나 않았는지, 그 시절의 친구들이 푸른 은행잎 사이로 아른거린다.

검사가 홍어 거시긴가

더위 때문에 방문을 모두 열어젖히고 청소와 빨래를 하는 중이었다. 시도 때도 없이 걸려오는 전화 때문에 빨래를 하다가도 고무장갑을 끼었다 벗었다. 다시 전화를 받곤 했다.

처음 전화는 "사모님, 돈 벌고 싶지 않으세요."라며 숙달된 말솜씨로 싼 땅을 사 두라는 이야기다. 바쁘다는 핑계를 대면서 빨래 줄에 많은 옷을 가득 널었다. 이번에는 인터폰이 울린다. "누구세요" 인터넷으로 구입한 택배가 왔는데 이층 주인이 없으니 보관해 두었다가 전해주라는 부탁이다.

청소와 빨래를 끝내자, 한가하게 풋고추에 상추쌈으로 점심을 먹었다. 나른한 오후의 더위를 쫓기 위해 선풍기를 틀어놓고 라디오 교통방송을 듣는 중이었다. 다시 전화벨소리가 울렸다.

"여보세요. 누굴 찾으세요?"

"사모님, 검찰청인데요. 가족 중 불미한 일이 있어서 전화 드렸습니다. 자세한 사항은 담당 검사님의 말씀을 들어보세요."

그런 후 ARS 음성 매시지를 접속해 놓았다. '1번은 안내, 9번은 검찰청 담당검사님, 원하시면 9번을 누르세요.' 한다.

호기심이 발동해지자 9번을 눌러보았다. 도대체 어떤 놈들이 국민들의 피땀 같은 돈을 다 빼 가는지 궁금증을 풀어보려는 심산이었다. 9번을 누르자마자 반말 비슷하게 중압감을 넣은 무게 있는 남자의 목소리가 전화기 속에서 위협적으로 흘러나왔다.

"나는 담당검사요. 지금 당신은 뭐하고 있는 거요. 자식이 그 지경이 되었으면 빨리 연락할 것이지 지금에야 전화가 무슨 전화요."하면서 검사인 척 호되게 나무랐다.

"우리집에는 아이들이 다 자라서 별일이 없는데요."대답하자 더욱 화를 내며서 달려들듯이

"빨리 주민등록과 핸드폰 번호 말하시오."라며 엄포를 부렸다.

통화를 하고 있다 보니 내 정신이 동화되어 진짜 같은 생각이 들도록 유도 하고 있었다. "예끼! 도둑놈들."하고는 수화기를 얼른 내려놓았다. 괜히 가슴이 뛰고 걱정스러웠다. 당장에 막내아들에게 전화를 걸었다. 별일 없는 아들은 "엄마 잘 계셨어요?" 안부부터 물었다.

"조금 전에 검찰청이라면서 전화가 왔는데 아들이 큰일이 났다고 하며 호통을 치더니 주민등록과 핸드폰 가르쳐 달라고 하드라."

"엄마, 회사에도 그런 전화가 자주오니까, 절대 속지마세요."

아들과 통화를 끝내고나니 마음이 편안했다.

늦은 오후였다. 또다시 전화가 울린다."여보세요."하자 이번에는 "우체국택배인데 중요한 카드가 반송이 되었으니 주민등록번호와 핸드폰 번호를 대시요" 라고 하는 것이다. 자주 듣다보니 이젠 여유롭게 전화기를 들고 "야! 국제 사기꾼 놈들아. 우리나라 돈 그만 빼가거라." 하면서 호통을 치고 수화기를 놓았다.

얼마 후 서울 친구에게서 전화가 왔다. 친구는 가슴이 떨려 말도 잘 못했다. 사기전화에 속아 어렵게 모아둔 돈을 그들에게 부쳐주었다는 한숨 섞인 이야기다. 억울해서 경찰에 신고 했으나 돈을 벌써 찾아간 후였다고 했다.

요즘 사업하는 분들에게 까지 달콤한 수단방법으로 해외 수출 길을 터준다며 계약금 조로 돈을 빼가고 있다 한다. 홍어 거시기 만도 못한 가짜 검사가 판치는 세상에 우리나라 진짜 검사님은 그들을 완전히 잡을 수 없을까요?

첫눈 내리던 밤의 추억

첫눈 오는 밤이면 지난 날 함께했던 추억에 잠겨 창밖을 바라보고 있네.

순영이 자네가 경기도로 이사 간 후 예전처럼 배꼽 잡는 웃음을 웃어 본 적이 없었던 것 같아. 그럴 때면 첫눈 오던 날 밤을 회상해 본다네.

우리 넷은 하루라도 못 보면 전화통에 불이 났었지? 얼마나 붙어 다녔는지 마을 사람들이 사총사 간다고들 말했으니까. 시장 아주머니들까지도 안부를 물을 정도였으니까 말일세.

춘실이, 희숙이와 나는 가끔씩 만나서 자네를 보고싶어 한다네. 자네는 레이스 달린 치마를 입고 가수나 개그맨 흉내를 잘 냈었지. 연예인 소질을 타고 났는데 '그놈의 시대를 잘못 맞춰 세상에 나왔다'고 부모님 원망을 했었지. 하지만 우리들은 자네 덕에 배꼽 잡는 웃음을 웃다 지쳐 속옷 젖을 때가 얼마나 많았는지 생각하면 그때가 좋았어.

그런데 말일세. 요즘 세상이 좋아져서 동마다 주민 자치센터에서 가요나, 장고춤, 고전무용, 댄스스포츠. 요가 등 다양한 프로그램을 마련하여 취향에 맞춰 여가생활을 즐기며 살 수 있게 한다네. 참으로 좋은 세상이 왔다네.

자네. 옛 생각 나지? 정희네 딸 결혼식날 밤. 첫눈이 소복하게 내렸었지. 우리는 생전 처음 나이트클럽 구경을 가지 않았었나. 초대 가수들이 노래를 부르고 테이블에는 앉은 우리들은 잔 가득 생맥주를 부어 놓고 마셔댔어. 휘황찬란한 조명들이 뒤엉키어 돌아가고 음악은 귀청이 떨어져 나갈 것처럼 시끄러웠어. 우리 넷은 사리 분별없이 막춤으로 흔들어댔었지. 그 밤 추억은 잊을 수 없을 거야!

즐거운 시간을 뒤로 하고 집으로 오던 도중이었지. 앞서 온 우리는 신호등을 먼저 건너고 순영이 자네만 뒤떨어졌지 않았겠나. 다음 신호 떨어지기만 기다린 우리들 머리위에 첫눈이 하얀 스카프처럼 쌓였었지.

그런데 자네 걸음걸이가 수상해서 혹시나 하는 생각을 했다네. 아니나 다를까, 구두 신은 발에서 걸을 때마다 뿍그적 뿍그적 소리에 '킥킥' 대다가 배꼽을 틀어쥐고 웃었을 때. 자네는

"야이, 가시네들아. 맥주 한 잔 먹은 것이 효과가 이렇게 클 줄 몰랐다. 참느라고 발을 비비꼬고 조심히 걸어오는 디. 얼음을 밟아 뿌렀어. 살짝 미끄러지더니 참았던 봇물이 쏟아져 양다리 가랑이가 뜨뜻 허니 좋더라. 구두 속에 오줌이 꽉 차 발도 시렵지 않더라."며 게접을 떨었지.

이 말을 듣는 순간 우리들은 한바탕 박장대소를 하며 웃었지. 오돌오돌 떠는 자네 때문에 택시를 잡으려고 하였으나 눈마저 내리고 자정이 다 되어가니 좀처럼 택시가 없어서 할 수없이 걷기로 하고 눈길을 빠드득 빠드득 30분 정도 걸었지. 자네 양다리 속옷은 얼어서 바스락 바스락 거렸고 이를 달달 떨며 '으흐흐 으흐흐' 했었지 않했능가.

그때 자네의 모습을 잊지 못할 거야. 추워서 다 죽어갈 때 택시를 잡았지. 자네와 나 희숙은 뒷 자석에 앉고 춘실이만 앞에 앉았지.

엉거주춤 조심스럽던 몸짓, 아직도 잊지 않고 있다네.

오버코트와 베르도 정장에 실크 스카프를 한 자네는 한 마디 개그도 못한 채 반짝이는 쌍커플 눈만 실눈으로 감았다 떴다 기가 쪽 빠졌었지.

우리는 아침을 먹고 부랴부랴 자네 집엘 갔었어. 이불을 푹 둘러쓴 자네는 '엣취'를 연거푸 하더니.

"어이, 친구들 나 죽네! 그놈의 찌렁내 때문에 연탄불에 얹어놓은 뜨뜻한 물로 목욕을 하고 잤더니 이 모양일세."

우리 넷은 하루 종일 자네와 함께 음악을 틀어놓고 이불속에서 껴안고 이야기했었지. 웃음이 그리운 날 친구들을 떠올려보며 소중한 추억을 남겨준 자네에게 고맙고 웃음 천사라 생각한다네.

더 늙기 전에 아름다운 추억을 또 한 번 만들어 보세나. 우아한 추억으로 말일세. 어느 첫 눈 내리던 밤의기억들을…….

어떤 인생

이 세상 부모들은 자식을 기르면서 자기가 할 수 있는 만큼의 사랑과 정성을 다하여 기른다. 그리고 잘 가르쳐 성공하기를 바란다. 하지만 모든 아이들이 그렇게 커주면 얼마나 좋겠는가!

내가 이야기 하고 싶은 주인공은 현 시대를 살면서 그들만의 테두리에서 홀시아버지를 모시며 아름답게 살아가는 이야기를 들려주고 싶다. 지금 팔십이 다 되어간 할아버지의 삶의 기록이다.

내가 아주 어릴 때 고모님은 전쟁고아로 떠돌던 코흘리개 남자아이를 우리집으로 데려왔다. 밥이라도 얻어먹고 굶어 죽지 않고 심부름이나 하며 살라 하였다.

그 때 나이가 열 살이나 됨직하다. 사랑방에서 일꾼들과 함께 지내며 잔심부름과 쇠죽솥에 불 지펴 여물 끓이는 일이었다. 자랄 때 제대로 감기치료를 못한 탓인지 누런 코가 항상 나와 있었다.

나이가 먹고 성장한 후로는 이름은 부르지 않고 김샌으로 불렀다. 성격이 진득하여 어른이 될 때까지 가족으로 지내며 나를 잘 업어줬고 성실하게 살았다.

장가를 간 후 자기 집을 짓고 새색시와 알콩달콩 보냈다. 마누라와 사는 동안 아이들 다섯을 낳고 남의 집 일꾼으로 지내며 받은 새경은 논도 사고 밭도 사서 어린 것들을 열심히 먹여 살렸다. 그런데 자식들이 커가면서 시골 논다랑이 소득만 갖고는 살 수가 없어 순천으로 이사를 했다.

김생은 배운 기술도 없고 도시에서 할 일은 힘쓰는 막노동인 하수구 만드는데 잡일을 했다. 마누라는 김샌이 벌어다 준 돈으로 먹고 입고 순천의 윗장 아랫장을 쓸고 다니며 구경을 했다.

약간 모자란 듯하는 마누라는 혼자 똑똑한 것처럼 말이 많았다. 시골에서 밭매기를 할 때 샛거리로 농주 마시는데 익숙한 그녀는 장날이면 장터 국밥집으로 나갔다. 그곳에서 막걸리를 마시고 주위 장꾼들과 시시콜콜 끼어들어 싸움질로 난장판을 하다가 끝내는 경찰들에게 붙들려 파출소로 끌려가고 했다. 사흘이 멀다 하리만큼 장바닥의 싸움녀가 되었다. 그 가족의 피붙이는 아무도 없고 아는 사람은 오직 일꾼으로 살았던 주인집 딸 우리 언니뿐이었다. 그래서 싸울 때마다 언니와 형부는 보호자 격으로 파출소에 달려갔다. 늘 입술에는 피가 흐르고 머리는 흐트러졌으며 옷은 다 해어져 표현 할 수 없는 몰골 이었다.

내가 순천서 그녀를 만났을 때 자기는 홧병 때문에 술을 마시노라며 그 분함을 삭히기 힘들다고 말하였다. 자식의 억울함을 술로 풀어내며 살아가고 있는 그녀였다.

그래서인지 그의 큰아들이 시골에서 도둑 누명을 쓰자 그녀는 술꾼이 되었고, 성탄절 밤 그녀는 교회도 다니지 않으면서 밤늦도록 징글벨소리와 함께 지샜다. 새벽녘 좀 추웠는지 옷 껴입으러 집에 들렀다가 그만 대문간에서 미끄러운 살얼음을 밟고 나동그라졌다. 그녀는 마지막 외로운 길을 혼자서 뇌진탕으로 앓으며 싸늘해져 갔다. 잠자던 가족은 그런 줄도 모르고 아침이 되어서야 병원에 갔으나 영영 깨어나지 못하고 생을 마감했다.

김샌은 졸지에 마누라를 잃고 마누라 대신 술을 마시고 고난의 시름을 맞았다. 그래도 여럿 자식 중에 큰딸이 대학을 다니고 살림을 도맡아 했다. 자식들이 자라서 회사를 다니고 기술자도 되고 또 장가 시집도 갔다. 그중 셋째 며느리를 잘 얻었다. 막일로만 세월을 보내던 김샌이 그 며느리 집에 얹혀살면서 여생이 밝아왔다.

김샌은 수시로 자기가 할 수 있는 일을 해서 돈을 벌면 며느리에게 다 주었다. 그도 그럴 것이 통장을 만들거나 계산 같은 것은 할 줄 몰라 서툴기 때문이다. 하지만 그의 며느리는 약삭빠른 요즘 며느리와는 달랐다. 시아버지의 건강 챙겨 봉양을 잘할 뿐 아니라 언제나 깔끔한 옷을 마련해 입히고 용돈을 넉넉히 넣어 주는 며느리였다. 유산도 없이 막노동해 온 시아버지를 알뜰하게 챙기며 형제들 까지도 다 아우르는 효부 며느리이다. 탄탄한 가족의 구심점으로 엮어가는 그 며느리를 큰 박수로 칭찬해 주고 싶다. 늦복이 터진 김샌이 오래오래 행복했으면 좋겠다.

백중날 밤

벼이삭이 필 무렵 백중날 밤이었다.

마을 앞 푸른 논에 달빛이 서려 이슬 맺힌 잎사귀마다 반짝거렸다. 은빛살 휘감은 산들은 제 그림자를 품고 마을을 감싸 안고 있다.

냇물에는 새우, 다슬기, 게 등이 달빛을 받아 잠을 이루지 못하고 폭포 물줄기는 굉음을 내 골 깊게 파고든다. 절벽 위 누각은 벽오동 나무에 둘러 싸여 폭포의 물보라를 귀 따갑게 듣고 있다.

이 때쯤이면 마을 사람들은 벼 말릴 멍석을 만든다. 보름달은 손에 닿을 듯 가까이 떠 있고, 마을 일손 들이 비잉 둘러앉아 가을 타작 준비에 손놀림이 부지런 했다. 좋은 짚을 골라 날줄 엮을 새끼줄을 가늘게 꼬아 바탕을 만들고 대여섯 개씩 잘 비벼 톡톡하게 씨줄을 엮어갔다. 마당 한 가운데 걸린 호롱 등불 안에 모기가 윙윙거리며 떼로 모여 들고, 모기 쫓을 풀무더기 연기는 온 집안을 모락모락 휘어감아 올린다. 하지만 땀내를 맞고 숨어든 모기는 사타구니나 겨드랑이 속을 물어뜯지만 한 땀이라도 더 짜내기 위해 일손들의 헛기침 소리만 간간히 들린다.

마당을 가로질러 마구간이 있는 별채의 나의 방 앞 두엄에서는 김이 모락모락 나고 있다. 돌로 쌓인 담이 끝나는 옆집과 우리집 사이는 울타리로 막아 놓았다. 오래된 감나무가 중심을 잡고 있으며 그 울타리 사이로 검둥이와 누렁이가 끼어 다녔다.

헛간 초가지붕에 수놓은 듯 박 줄기가 기어오르고 눈이 시리도록 청초한 박꽃이 달님과 속삭이듯 피어났다.

이 밤 언니는 막걸리 넣어 반죽한 밀개떡을 호박잎을 깔고 찌느라 진땀을 뺀다. 부엌 귀퉁이에 묻어놓은 술항아리 속에 용수를 넣고 들큼 새큼한 진액의 청주를 떠내 일하는 아저씨들의 밤참으로 대접할 것이다.

어머니와 나는 평상에서 빨래에 물을 푸우푸우 뿌려 밟은 다음 다리미질을 했다. 달처럼 둥근 다리미 속에는 빨간 숯불이 이글거리고 헛눈이라도 팔면 손을 데인다. "왜 빨래 잡으면서 해찰 허냐. 정신 차려 잡아라 잉." 마음이 콩밭에 있는 나는 다릴 옷은 많고 짜증이 났지만 꾹 참고 있었다.

동네서 나고 자란 깨복쟁이 친구들이 이십 명쯤 되는데 한 달에 한 번씩 모여 제비뽑기 계모임을 했다. 작은 돈이지만 모여서 노닥거리는 재미가 즐거웠다. 우리 모두는 백중 날 밤 누각에서 모임을 갖기로 하고 간식은 막걸리, 옥수수, 풋전, 과자 등을 준비하기로 되었다. 다릴 옷은 모시옷부터 삼베 잠뱅이까지 왜 그렇게 많은지 머리끝까지 부화가 치밀었다.

마을 앞 넓은 바위에 어른들이 모여 앉아 모기를 툭툭 부채로 쫓으며 정담을 나누고 있다. 어른들 몰래 숨어든 누각에서 하모니카 소리로 신호를 보내왔다.

이 강산 낙화유수 흐르는 봄에
새파란 잔디 위에 지은 맹세야
세월에 꿈을 실어 마음을 실어
꽃다운 인생살이 고개를 넘자.

흐드러진 가락으로 불러오는 소리는 밤공기 타고 흘러 살금살금

모인 그들을 생각하며 콩닥 거렸다. 시간이 지날수록 초조해지고 안절부절 못하고 있는데 호랑이 같은 아버지는 마당을 왔다 갔다 하신다. 숯불 닳은 빨래는 아직도 남아 등줄기 뜨겁게 땀으로 줄줄 흘러 내렸다.

좌불안석 못하고 있을 때 아랫녘 바위에 앉아있는 어른들의 고함 소리가 들썩들썩 들려왔다.

"네 이놈들 누각에서 무슨 짓을 허기에 솔솔 기어드느냐! 썩 나오지 못할까. 요오놈들!"

심상치 안은 예감이 스치자 무슨 사단이 났는지 다리미질하던 옷을 밀치고 담 너머로 고개를 내밀고 숨 죽이며 보았다. 조금 전 불었던 하모니카 소리들은 벼논으로 마구 달리고 어른들은 긴 대나무로 그들 뒤를 쫓아가고 허둥지둥 난리가 났다.

어머니는 다리미 불 사그러 든다고 야단치면서 어서와 빨래 잡으라고 성화를 냈고 나는 괜히 가슴이 두근거리고 안절부절 못 하였다.

친구들은 남의 집 벼논을 마구 밟고 사방으로 흩어지고 어른들은 장대로 애궂은 벼논만 쳐대며 고래고래 목청을 높였다. 보름달은 그들의 도망을 알기나 하듯 후줄근한 뒷모습을 냇가로 쏟아냈다.

"이놈들 우리가 못 잡을 줄 알고 달아나! 고얀놈들 내일이면 다 안다. 다 알아. 남녀칠세부동석을 아느냐"며 귓속을 후비고 고함소리는 끝이 났다.

내 마음도 모르는 어머니는 그놈의 다리미질이 끝나기도 전에 담만 넘어다보느냐며 호통을 쳤다.

달빛 젖은 개구멍은 누렁이만 다닌 곳이 아니라 우리들도 가끔씩 솔솔 끼어 다녔다. 오늘밤도 헛간 옆 개구멍은 맞이할 손님을 기다리고 있다.

그곳엔 대나무 가지를 쳐서 살풋이 막아놓지만 때론 검둥이나 누렝이가 다리를 들고 오줌을 찔끔 거리기도 하고 똥도 뭉텅 싸놓는다. 멋 모르고 다니다간 개똥에 미끄러져 낭패를 본 때도 많다. 구린내 때문에 코를 움켜쥐고 방 맨 끝자리 재운 적도 있다.

내 방은 그런 친구들과 모여 시집갈 때 가져갈 횃대보, 양복덮개, 베갯닛 등에 수를 놓고 재잘거리며 살았다. 그 밤 그녀들은 시간이 꽤 흐른 뒤 개구멍을 끼어 살금살금 신발을 손에 들고 방으로 들어왔다. 호롱불도 켜지 못한 채 오금조리는 숨소리만 쌔근거렸다. 친구들 무릎은 깎이고 볏잎에 베인 살들은 흙투성이가 되었다. 두엄밟은 발은 냄새가 났고 몰골들이 험상스러웠다. 팽개친 수틀은 걱정 반 웃음 반 방안을 가득 메웠다. 날 새는 줄 모르고 속닥거리던 마음들이 선잠이 들자 창호지를 타고 흐르는 이장님 목소리가 스피커에서 흘러나왔다.

"주민 여러분, 한 분도 빠짐없이 회관으로 나오시기 바랍니다."

영문도 모르는 어른들은 회관으로 모였고 어젯밤 있었던 자초지종은 회의 안건이 되었다.

"어젯밤 누각에서 처녀 총각들이 모여 노는걸 보았는디, 마을 질서가 문란해 쓰것습니까. 연애질이나 허면 보통일이 아닌께 자식들 단속 잘 허십시다요."

자식 가진 부모들은 아무 말도 못하고 있는데 그중 벼를 망친 아저씨는 나는 농사를 망쳤으니 물려야 겠다며 노발대발 화를 냈다.

그 후 모임은 끝나고 부모님 간섭은 날로 심해졌다. 하지만 열이 지켜도 한 도둑 못 막는다는 속담처럼 우리의 지름길인 개구멍을 가끔씩 영화를 볼 때나 이웃마을 친구들을 만나러 갈 때마다 들락거렸다. 언제나 우리의 호의병이 되어준 그때 친구들, 아직도 잊지나 않았는지, 올 백중날엔 골 패인 그들의 얼굴과 웃음을 보러 고향에 가리라.

|발문|

고영숙 시인의 시 세계

박 덕 은
(문학평론가)

고영숙 시인(호; 呂炅, 닉네임; 청사초롱)은 전남 곡성에서 태어나,《대한문학》지의 신인문학상을 통해 문단에 데뷔했고, 이후 광주광역시 문인협회 회원, 지리산 섬진강권 문학연대 회원으로 활약하면서, 한국문인협회 곡성지부 이사, 산수문학회 회장 등을 역임했으며, 현재 한실문예창작 향그런 문학회 회장을 맡고 있다. 전남문인협회 광주문인협회 백일장 대회에서 여러 상을 수상한 바 있는 고영숙 시인의 삶 자체가 다름 아닌 활화산 같은 열정의 꽃이다.

고영숙 시인은 성격이 시원시원하여 무등산 수박 맛이다. 여행을 좋아하여, 마치 방랑객 김삿갓 같은 풍류 기질을 몸에 달고 다닌다. 어딜 가나 공주나 백작부인처럼 사랑을 받는다. 그녀의 나타남 자체가 무한의 에너지를 공급받는 축제의 장이기도 하다.

필자와 고영숙 시인의 만남은 6년 전으로 거슬러 올라간다. 고영숙 시인이 수필문단에 발을 내딛고 열심히 창작에 몰두할 무렵이었다. 어느 날, 그녀는 필자가 지도교수로 있는 한실문예창작 향그런 문학회를 찾아와 시 공부를 하고 싶다고 했다. 이미 문단에 데뷔한 수필가가 새삼스레 시 공부를 하겠다는 그 의지가 매우 멋지고 신선해 보였다.

평소 수필로 다져진 그녀의 표현력이 시적 표현력으로 전환하기까지는 꽤 오랜 시간이 필요했지만, 절대로 포기하거나 물러섬이 없이 전진에 전진을 계속한 그녀의 열정은 곁에서 보기에 경이롭기까지 했다.

그러던 어느 날, 고영숙 시인이 시집을 펴내겠다는 결심을 굳히게 된다. 드디어 수필가에서 시인으로 도전하게 된 지 6년 만에 아름다운 작품집이 세상에 나오게 된다. 기쁘고 멋지고 행복하지 않을 수 없는 소식이다. 이 즐거운 날에, 우리는 고영숙 시인의 시 세계로의 사색 여행을 떠나지 않을 수 없다.

고영숙 시인의 시 세계는 크게 세 가지로 나눠진다. 먼저 그녀의 놀라운 관찰력은 향토성 짙은 시 세계를 구축하고 있다. 다른 하나는 수많은 여행을 통한 시적 형상화이다. 세 번째는 미묘한 정서 속으로의 탐방이다.

에헴 하는 기척이
부석거리며
거실로 나와

잠든 토방 아래
뭇 신발의 궁금증을
짝지어 놓고

지팡이 앞세워
비틀거리는 걸음으로
자박자박 달빛 따라
골목을 걷는다

담 타던 고양이 눈길
지팡이 끝 툭 던져
쫓아내고

고적함 건너는
신발 한 켤레
열려진 하루 속으로
연꽃처럼 피어오른다.

-「밤을 여는 어머니」 전문

이 시에서 시적 화자는 향토성 짙은 추억 속으로 걸어간다. 고향이 그림처럼 펼쳐진다. 헤헴 하는 기척이 부석거리며 거실로 나오고, 토방에는 여러 신발들이 궁금증을 짝지어 놓고 있다. 누군가의 비틀거리는 걸음이 지팡이 앞세워 자박자박 골목으로 나간다. 그 뒤에는 달빛이 뒤따르고 있다. 지팡이는 담 타던 고양이의 눈길을 쫓아낸다. 신발 한 켤레는 열려진 하루 속으로 연꽃처럼 피어오른다. 마치 옛 시골 정경이 그림처럼 독자의 가슴에서 생생히 펼쳐지고 있다. 그러면서 짙은 향토성이 온몸을 감싸고 있다. 한국인만이 느낄 수 있는 감성의 세계, 그 향토성의 구수한 맛 속으로 독자는 발을 들여놓게 되고, 그 향수에 푹 젖어 눈시울을 적시게 된다. 고영숙 시인이 그려놓은 향토성은 왜 이토록 아련한 향수 속으로 잠겨들게 하는 것인가. 무엇이 그토록 애틋함 속으로 빨려들게 하는 것인가. 왜 숨을 죽이며, 우리는 그 향토성 속으로 들어가 잠시나마 평안함과 눈물겨움을 동시에 얻으려 하는 걸까. 무언가 모를 감성에 젖어 눈시울을 적시는 건 왜일까.

별빛 속삭이는 밤

물레 소리 뱅글뱅글 들릴 때면

무릎에 혹처럼 달라붙어
뻗쳤다 감기는 손끝
미영실을 밤마다 보았지요

몽실한 당신의 젖가슴을
부르트게 만지면

그때마다
못생긴 무명지가
전설 같은 이야기를 쏟아냈지요

기적을 꿈꾸며
짓이겨진 약지 끝에선
파랗게 잦아든
할아버지의 애절한 눈빛

숨이 차도록
뜨겁게 감겨왔다지요.

－「할머니의 斷指.1」 전문

이 시에서 시적 화자는 별빛 속삭이는 밤에 물레 소리를 듣고 있다. 무릎에 혹처럼 달라붙어 뻗쳤다 감기는 손끝도 떠오른다. 밤마다 만났던 그 미영실도 떠오른다. 유년시절의 손은 엄마의 젖가슴에 가 있다. 귀는 이미 전설 같은 이야기 속으로 들어가 있고, 눈망울 속에는 할아버지의 애절한 눈빛이 파랗게 잦아들고 있다. 그 시절 그 정경은 이미 시적 화자의 내면을 뜨겁게 달구고 있다. 그 뜨거운 내면이 바로 향토성에 젖어 있는 시적 화자의 연민이리라. 오래도록 잊지 못한 채 살아가야 했던 유년시절의 추억, 할머니는 남편과 시아버지가 병환에 누울 때 자신의 손가락을 잘라 남편과 시아버지의 입 안에 핏방울을 떨어뜨려 목숨을 연장했다. 이는 시적 화자가 어머니와 할아버지에 대한 연민, 그 위에 펼쳐지는 고향에 대한 그리움, 어쩌면 시적 화자의 인생을 끌어가는 원동력이 되었을 따스한 정서들, 그게 어쩌면 고향에서 살찌운 소중한 내면은 아닐까. 그래서 시적 화자는 늘 향토성 주위를 맴돌며, 그 향내에 젖어 정겹게 살아가는 건 아닐까.

시어머니보다 무서운 첫 새벽
돌아앉은 도시락들이
하마처럼 밥꽃을 물고 늘어진다

조잘거림이
졸인 멸치 위에 머물고
계란말이가 고향인 듯
김치 옆을 고집한다

등이 휜 바구니에
자박거리는 숨결이 쌓이고

허기 채운 요란들이
한바탕 들썩이고 떠난 뒷자리엔
빈 시름만 우두커니 앉아 있다.

-「그때는 그랬지」 전문

이 시에서의 시적 화자는 일상조차도 고향으로 덧칠하고 있다. 첫 새벽은 시어머니 같고, 계란말이도 고향인 듯 김치 옆을 고집하고, 숨결은 등이 휜 바구니에 담겨 있다고 표현하고 있다. 시적 화자의 의식이 몽땅 향토성이다. 그러면서 해학을 둥그렇게 보듬고 있다. 돌아앉은 도시락들이 하마처럼 밥꽃을 물고 늘어진다, 조잘거림이 졸인 멸치 위에 머문다, 허기 채운 요란들, 빈 시름만 우두커니 앉아 있다 등의 표현에서 우리는 향토성에서 자주 만나는 해학을 맛볼 수 있게 된다. 어디서 이처럼 맛깔스러운 표현들이 나오는 걸까. 이 물음에는 언제나 구수한 향토성이 선뜻 앞을 나서며 답을 해줄 듯싶다. 바로 나라고. 바로 향토성에서 그 다채로운 해학이 출발하고 있다고.

고영숙 시인의 시 세계 두 번째는 여행의 맛과 멋을 만끽하는 쪽으로 흐르고 있다. 시인의 인생 철학이 묻어나기도 하는 이 시 세계는 매우 활기차고 밝다. 아마도 시인은 여행 속에서 인생의 참맛을 느끼고 있는 듯하다. 여행이 왜 그토록 시인의 마음을 사로잡고 있는 것일까. 시인의 핏속에는 결코 갇히고 싶지 않은 원초적 본능과 자유에의 몸부림, 낭만에의 희구가 용틀임하고 있는 건 아닐까.

시린 발목 자박대며
자지러질 듯 안고 도는
낭창한 갯바람

삐금대다 튀어 오른 짱뚱어
옆살 걸음 콩게들
수근대는 놀이터

매무새 다듬는
흑두루미 저어새

무리 지어 노닐다

깃 치며 날아오른
수묵화

밀실 바다는
포옹 당한 햇발에 누워
잉태한 뱃살 드러내 놓고
만삭의 황금빛을 뜨겁게 호흡한다.

-「순천만」 전문

이 시의 시적 화자는 순천만으로 날아가 낭창한 갯바람을 맞이하고 있다. 그 갯바람은 인생을 아는 듯 시린 발목을 자박대며 자지러질 듯 안고 돌고 있다. 시적 화자의 오랜 시련을 상징하고 있는 것일까. 답답한 일상에서 탈출하고자 하는 시인의 의지가 반영된 것일까. 뻘밭에는 짱뚱어가 빼금거리다 튀어 오르고 있고, 옆살 걸음 콩게들은 수근대며 놀고 있고 흑두루미 저어새는 매무새를 다듬고 있다. 이들이 날아올라 연합하여 그려내는 수묵화는 장관을 이루고 있다. 뭔가 감추고 있는 듯한 밀실 바다는(시각 이미지) 포옹 당한(근육감각 이미지) 햇발에 누워(시각 이미지) 잉태한 뱃살을 드러내 놓고(시각 이미지) 만삭의 황금빛을 뜨겁게(열감각 이미지) 호흡하고 있다(기관감각 이미지). 이렇듯 시적 화자의 여행에 대한 감동은 여러 지각적 이미지의 입체적 그릇 속에 아름다운 감성의 꽃을 피워내고 있음을 볼 수 있다. 여행을 통해 얻어낸 자유와 낭만의 감성, 이를 입체적 이미지의 그릇 속에 담아내는 솜씨, 그리하여 시의 맛깔스런 세계를 구현해 내는 시인이 참으로 멋져 보인다.

젓갈 내음으로 도배한 선창
왁자한 은빛 시간 펴 올리면

꼬리치는 숨결들 좌판 위에 눕혀
매운 손길로 짯짯이 다듬고

미끼 던진 세칼바람
석쇠 연기 훑어 번지면

고소한 맛 낚시하듯 전어구이 여리꾼
살찌운 바다노래 끌어당기고

드럼통마다 물컹 부릅튼 물비린내로
골싹골싹 절여 스며든 하루
젓통 하나 들고
질척거리는 물기 밟고 서 있다.

-「곰소항」 전문

이 시에서의 시적 화자는 곰소항의 선창에 서 있다. 선창을 젓갈 내음으로 도배하고 있다. 시각 이미지(선창, 도배)와 후각 이미지(젓갈 내음)의 만남이 왁자한(청각 이미지) 은빛(시각 이미지) 시간과 어우러져 선명한 상을 선물해 주고 있다. 어부는 꼬리 치는 숨결들을 좌판 위에 눕혀 놓고 매운 손길로 짯짯이 다듬고 있다. 미끼 던진 세칼바람은 석쇠 연기를 훑어 번지고 있고, 전어구이 여리꾼은 고소한 맛 낚시하듯 살찌운 바다노래를 끌어당기고 있다. 시어의 현란한 배치 솜씨에 감탄을 금할 수 없는 대목이다. 미각 이미지(고소한 맛), 시각 이미지(낚시하듯), 촉각 이미지(살찌운), 청각 이미지(바다노래), 근육감각 이미지(끌어당기고)와 어우러져 이미저리의 축제 한마당을 벌이고 있다. 시간적 배경은 드럼통마다(시각 이미지) 물컹 부릅튼(촉각 이미지) 물비린내로(후각 이미지) 골싹골싹(청각 이미지) 절여 스며든(촉각 이미지) 하루이다. 시어 배치

하나 하나가 섬세한 이미지 구현에 총력을 기울이고 있음을 볼 수 있다. 시의 마무리 역시 놀랍다. 젖통 하나 들고(시각 이미지) 질척거리는 물기(촉각 이미지) 밟고(근육감각 이미지) 서 있다(시각 이미지). 보면서도, 읽으면서도, 느끼면서도 놀라움을 금할 수 없다. 마치 이미지의 구현 사례를 열거하고 있는 듯 정교하다. 이미지란 무엇인가, 왜 시가 이미지여야 하는가, 이미저리가 얼마나 소중한 표현 기법인가를 한꺼번에 설파하고 있지 않은가. 도대체 이 시인의 표현 기법은 어디까지 뻗어 있는 것일까. 나이에 비해 시적 표현 기법은 상당히 활기차고 섬세하고 정교한 수준에 이르러 있는 듯 보인다. 여행에 대한 기쁨과 즐거움을 이미지의 그릇에 효율적으로 담아내는 그 솜씨에 다시 한 번 경외심과 박수를 올려 보낸다.

파도는 부서져 떠났다 또 오는데
어쩌라고 맥박마다 대못 박아 절뚝이며
경기하듯 뼈마디 뭉글려 뒤틀리나

채슬음 치듯 살아온 긴긴 여정이
붉은 벽돌 창틈으로 스미고
먹물 같은 생채기 친친 감아 돌리는 하루

눅눅하고 음산한 절규로
덧같이 뒤집어쓴 이름
죽고 또 죽어 눈멀던 고백조차 재로 남아

가깝고도 먼 그리움의 탄식이
철조망 사이로 긴 목 빼고 흐르고
울고 울어서 젖은 손수건만 너울댄다

썰물져 가는 해조음
석양에 낮게 낮게 깔리고
목메던 노래는 저리 질펀히 자라고 있는데.

-「소록도」 전문

이 시의 시적 화자는 남해안 소록도로 향하고 있다. 시의 앞부분에 파도를 활용하고 있다. 부서져 떠났다 오는 파도, 맥박마다 대못 박아 절뚝이며 뼈마디까지 뭉글려 뒤트는 파도를 매개체로 하여, 나병 환자들의 애환을 절묘히 표현해 내고 있다. 멋진 시의 서두이다. 그 긴긴 여정은 붉은 벽돌 창틈으로(시각 이미지) 스미고(촉각 이미지) 먹물 같은 생채기(시각 이미지) 친친 감아 돌리는(촉각 이미지, 근육감각 이미지) 하루에 멈춰 있다. 눅눅하고 음산한(촉각 이미지) 절규(청각 이미지)로 덧같이 뒤집어쓴 이름(시각 이미지)들은 이루 말할 수 없는 내면의 고통을 상징하고 있다. 죽고 또 죽어 눈멀던 고백조차도 재로 남아 있는 비통의 현실이 독자들의 가슴으로 치고 들어온다. 가깝고도 먼(시각 이미지) 그리움의(추상) 탄식은(구상, 청각 이미지) 철조망 사이로(시각 이미지) 긴 목을 빼고(구상) 흐르고(시각 이미지) 울어 울어서(청각 이미지) 젖은(촉각 이미지) 손수건만 너울대고 있다(시각 이미지). 그리고 썰물져 가는(시각 이미지) 해조음은(구상) 석양에 낮게 낮게 깔리고(구상, 시각 이미지) 목메던 노래는(상징, 청각 이미지) 저리 질펀히(시각 이미지) 자라고 있다(구상)에서 보듯, 이 시인의 여행에 대한 감성과 다채로운 이미지 구현은 찰떡궁합이다. 어쩌면 이리도 멋스럽게 표현할 수 있을까, 매번 감탄을 자아내게 한다. 여행을 통해 만나고 싶어하는 낭만과 갇히기 싫어하는 자유로움과 무한히 뻗어나가는 상상력이 이처럼 절묘한 이미지 구현과 만나니, 시의 아름다움은 더 한층 빛을 발하고 있는 건 아닐까. 참으로 멋진 시인의 탄생에 행복한 시선을 보내고 싶다.

> 비밀스레 발설한 연문이
> 물빛 따라 긴 터널로 늘어져
> 허공 부르트게 멍울진 울렁거림
> 심연 가득 애끓는 화음으로 너울거린다
>
> 스물세 살 시집오던 날처럼
> 달콤히 부풀던 첫정
> 콩닥거리며 꿈꾸던 신혼방
> 천생연분으로 맺어져
> 사태지게 우려낸 꽃물 꽃물
>
> 시리게 높아지는 그늘 아래
> 그림자도 없이 건너뛴
> 주름 깊은 세월 딛고 선
> 오늘의 나
>
> 셀렘의 추억 켜켜이 쌓아두고
> 귓불에 스친 한 솔기 바람에도
> 불태우며 쿨룩대던
> 한바탕의 낙화여
>
> 황망히 져 내릴 빛깔
> 하늘 끝 외로이 펼쳐 놓고
> 봄덫에 갇혀 숨막힌 한순간의 고백이여.
>
> -「문덕 벚꽃」 전문

이 시의 시적 화자는 연문이 물빛 따라 긴 터널로 늘어져 멍울진 울렁거림이 심연 깊숙이 화음으로 너울대는 문턱으로 사뿐사뿐 걸어간다. 아름다운 여행의 발걸음과 그 위로 발딱이는 설렘의 감성이 살아 꿈틀거린다. 시의 맛이 한결 좋다. 시집오던 스물셋의 첫정, 콩닥거리며 꿈꾸던 신혼방, 질긴 연분으로 맺어져 사태지게 우려낸 꽃물까지 떠오르는 날, 이보다 더 흥분될 수 없고 이보다 더 좋을 수 없다. 시리게 높아지는 그늘도 주름 깊은 세월도 향긋한 낭만으로 휩싸인 시적 화자인 오늘의 나를 어찌할 수 없다. 이 시적 화자 앞에서는 한바탕의 낙화마저 아름답다. 황망히 져 내릴 빛깔도 인생길의 회한도 봄덫에 갇혀 숨막힌 한순간의 고백 앞에서는 무력하기만 하다. 이 시에서도, 고영숙 시인의 독특한 표현 기법, 신비로운 묘사, 이미지 구현 등이 빛을 발하며 손짓하고 있다. 뛰어난 시적 표현이 이 시인의 앞길을 더욱 밝게 더욱 희망차게 비춰 주고 있다.

고영숙 시인의 시 세계 중 세 번째는 다채로운 감성 속으로의 탐험으로 채워져 있다. 향토성과 여행을 통해 익힌 아름다운 감성은 이번에는 복잡 미묘한 인간의 감성 속으로 산책을 시작한다.

설레임 안고
달디단 밀어
노고지리 우짖는 것처럼
모롱이 산길
꿈 엮으며 걸었었네

은빛 새 구두 속에
갇힌 발가락들이
뜨거운 숨결을
토하며 뒤척거리고

콩깍지 덮인 발톱까지
연한 부드러움으로
속살거리던
아련한 추억이여.

-「첫사랑」 전문

이 시에서의 시적 화자는 설렘 안고 달디단 밀어 안고 산길을 걷고 있다. 노고지리 우짖는 것처럼 모롱이 산길을 꿈 엮으며 걷고 있다. 참 아름다운 감성이 보인다. 추상(설레임, 밀어, 꿈)과 구상(달디단, 노고지리, 우짖는 것처럼, 모롱이 산길, 걸었었네)의 입체적 구성 위에 펼쳐지는 감성이 손에 닿을 듯 가깝게 배치되어 있다. 시적 화자의 발가락들은 은빛 새 구두에 갇혀 있나. 이 발가락들은 뜨거운 숨결을 토하며 뒤척거리고 있다. 이때 아련한 추억은(추상) 콩깍지 덮인 발톱까지(구상, 시각 이미지) 연한 부드러움으로(구상, 촉각 이미지) 속살거리고(구상, 청각 이미지) 있다. 추상과 구상의 조화로움, 그리고 시각 이미지와 촉각 이미지의 어우러짐, 이런 표현 기법들이 시적 화자의 내면에서 꿈틀거리는 감성을 보다 선명히 그려내는 데 기여하고 있다. 이게 바로 시인의 진정한 실력이다. 주제 노출을 최대한 억제하고, 되도록 이미지의 구현으로, 구상과 추상의 적절한 배치 등을 통해, 담아낼 수밖에 없는 감성의 다채로움, 감성의 아름다움, 이것들이 시의 품격을 높여주는 주요 요인들은 아닐까.

먼 기억의 이야기 안고
분홍 꽃잎처럼 젖은 봉투 하나

번져 가는 물기를

설렘으로 다독입니다

오래도록 잊고 있었던
창 하나 가슴으로 열자

감출 수 없는 그리움이
깨알같이 쏟아져
부드러운 속삭임
고운 사랑의 향인 양 껴안아 봅니다.

-「편지」 전문

이 시의 시적 화자는 먼 기억(추상)의 이야기(구상)를 안은 분홍 꽃잎처럼(시각 이미지) 젖은(촉각 이미지) 봉투 하나를 들고 있다. 번져가는 물기(구상, 시각 이미지)를 설렘(추상)으로 다독이며(촉각 이미지). 이때 시적 화자는 오래도록 잊고 있었던 창(구상) 하나를 가슴으로 연다. 드디어 갇힌 감성의 과거를 열어젖힌다. 그 이유는 감출 수 없는 그리움(추상) 때문이다. 그 그리움은 마침내 깨알같이 쏟아져 내린다. 그러자, 부드러운(촉각 이미지) 속삭임(청각 이미지)은 고운(시각 이미지) 사랑(추상)의 향(후각 이미지)인 양 껴안는다(근육감각 이미지). 이 시에서도 추상과 구상의 적절한 조화로움, 지각적 이미지의 입체화 등의 표현 기법들이 감성의 여러 섬세한 세계를 포착하는 데 힘을 모으고 있음을 보게 된다.

미세한 바람이 던진 언어의 뼈들을
깨알같이 쓸어 담는다
여린 속살들은
냉기로 구르다 오장에 부딪힌다
끊임없는 줄다리기 속에

멍든 줄도 모르면서 얼부풀어
불길 채우다 스러지고
설움도 아림도 없이 먼지만 일으킨다
쪼그라든 풀잎같이
젖지도 못하고
마음 끄는 대로 최면을 걸어 보지만
눅진히 물 쓴 종잇장처럼
시떫은 연속극 한 편 붙잡고
문풍지가 울 거나 어깨 잡아 흔들거나
고정된 채널 속으로 깔깔거리며
실뿌리 더듬듯 위로의 전문을 보낸다.

-「뽐내고 싶은 일상에 빗물 스며들 듯」 전문

이 시의 시적 화자 또한 오묘한 감성 속으로 들어가 탐험을 시작한다. 시적 화자는 처음부터 미세한 바람이 던진 언어(구상)의 뼈(추상)들을 깨알같이 쓸어 담고 있다. 여린 속살(촉각 이미지)들은 냉기로 구르다(냉감각 이미지) 오장에 부딪히며(근육감각 이미지) 갈등을 빚는다. 힘든 일상은 지속된다. 그 지루한 줄다리기 속에서 멍이 든다. 멍든 줄도 모르면서 얼부풀어 불길 채우다 스러진다. 설움(추상)도 아림(추상)도 없이 먼지(구상)만 일으키는 신세가 된다. 그러다 쪼그라든 풀잎(시각 이미지)같이 젖지도 못하고(촉각 이미지) 마음(추상) 끄는 대로 최면(추상)을 걸어 본다. 그래도 탈출구는 없다. 눅진히 물 쓴(촉각 이미지) 종잇장(구상)처럼 되어 버린다. 기껏 시떫은 연속극(구상) 한 편 붙들고(근육감각 이미지) 있다. 문풍지가 울 거나(청각 이미지) 어깨 잡아 흔들거나(근육감각 이미지) 이제는 신경조차 쓰지 않는다. 하는 짓이라곤 고정된 채널(상징) 속으로 깔깔거릴 뿐(청각 이미지)이다. 실뿌리 더듬듯(촉각 이미지) 위로(추상)의 전문을 보내며 그렇게 허송세월을 보낼 뿐이다. 현대인의 실상을 마치 현미경으로 보는 듯 리얼하게 지각적 이미지들로 그려놓고 있다. 물론 추상과 구상의 적절한 배합이 튼실한 시적 형상화에 늘 밑거름이 되어 주고 있다. 이러한 시적 표현 기법들이 고영숙 시인의 시 세계를 보다 탄탄히 보다 아름답게 보다 시답게 해놓고 있지 않나 생각해 본다. 뛰어난 시인의 시에는 이처럼 눈에 보이지 않는 시적 형상화의 노력이 뒷받침을 해주고 있는 것이다.

여기까지 우리는 고영숙 시인의 시 세계를 세 가지 측면에서 살펴봤다. 좀더 세밀하게 나눈다면, 훨씬 더 많은 특질을 발견할 수 있을 것이다. 또 다른 평론에서 그 특질을 발굴해 보고 싶다.

수필가로서 순탄한 길을 걷고 있던 고영숙 님이 시인으로서 첫발을 내딛은 이래, 무려 6년간 한눈팔지 않고 줄기차게 달려온 시 세계는 앞에서 살펴봤다시피, 멋지고 우아하고 섬세한 시심의 오솔길을 펼치고 있음을 확인할 수 있었다.

앞으로 고영숙 시인의 시 세계가 어디까지 펼쳐질지 우리는 알 수 없다. 다만, 경외의 시선과 부러움의 눈길로 지켜볼 뿐이다. 제2, 제3, 제4, 제5 시집들이 나오고, 고영숙 시선집이 나와서, 한국 독자들뿐만 아니라 세계 독자들의 지속적인 사랑을 받는 시인으로 우뚝 서기를 기원해 본다.

시를 쓰고, 쓴 시를 모아 시집을 펴내며 살아가는 시인의 삶은 아름다운 삶, 인간다운 삶 중에서도 가장 빛나는 길이 아닐까 싶다. 이 길을 걸어가는 고영숙 시인에게 다시 한 번 순수하고도 해맑은 존경의 마음을 바친다.

고영숙 시 · 산문집
한가한 날의 독백

2015년 8월 10일 인쇄
2015년 8월 15일 발행

지은이 | 고 영 숙
펴낸이 | 강 경 호
인쇄 · 기획 | 도서출판 시와사람
등록 | 1994년 6월 10일 제 05-01-0155호
주소 | 광주시 동구 백서로 125번길 32-5(금동)
전화 | (062)224-5319
팩스 | (062)225-5319
E-mail | jcapoet@hanmail.net

ISBN978-89-5665-428-7 03810

값 10,000원

공급처 ■ 한국출판협동조합
경기도 파주시 탄현면 오금리 202번지
주문전화 (02)716-5616, 070-7119-1740